CW00799185

COLECCIÓN POPULAR

297

# MEDITACIÓN EN EL UMBRAL

ROSARIO CASTELLANOS

# MEDITACIÓN EN EL UMBRAL

## *Antología poética*

Compilador

JULIAN PALLEY

Prólogo de

ELENA PONIATOWSKA

*FONDO DE CULTURA ECONÓMICA*

MÉXICO

Primera edición, 1985
Cuarta reimpresión, 1995


Carretera Picacho-Ajusco 227; 14200 México, D. F.

ISBN 968-16-1888-2

Impreso en México

# PRÓLOGO

ELENA PONIATOWSKA

Si Rosario Castellanos hubiera sabido cuánto la queríamos, si por un instante tiene conciencia del amor en torno suyo, otra gran corriente de electricidad opuesta a la que la mató, una energía mucho mayor que la de la técnica —la del amor reconcentrado—, hubiera neutralizado a la de la lámpara que la electrocutó.

Rosario Castellanos murió el 7 de agosto de 1974 en Tel Aviv. La noticia difundida por las agencias internacionales fue terriblemente escueta. A los cuarenta y nueve años, víctima de la descarga eléctrica de una lámpara doméstica que trataba de conectar, la embajadora de México en Israel cayó fulminada. Su chofer —el único en la Embajada— llamó a la ambulancia y Rosario murió en el trayecto al hospital. Nadie la vio, nadie la acompañó. Al irse se llevó su memoria, su risa, todo lo que ella era, "su modo de ser río, de ser aire, de ser adiós y nunca". En Israel, le dieron grandes honores. Golda Meir se entristeció; sus alumnos de la Universidad de Jerusalén estaban consternados. En México, la enterramos bajo la lluvia, la convertimos en parque público, en escuela, en lectura para todos. Frente a la fosa, Alcira, el rostro empapado, repartía hojas mimeografiadas con poemas de Rosario, las tendía como sudarios. Allí estaban Gabriel su hijo, Ricardo, Emilio Carballido, Raúl Ortiz, Nahum Megged, Javier Peñalosa y Dolores Castro, María del Carmen Millán, Agustín Yáñez y, entre los funcionarios gubernamentales, Gonzalo Aguirre Beltrán, quien dijo que en medio del aguacero deberíamos ser capaces de oír la risa de Rosario.

## Un ansia que punzaba sin mañana y sin noche

Más que ningún otro escritor mexicano, Rosario habló de su propia muerte. Había en ella algo inasible, un andar presuroso, un tránsito que iba de la risa al llanto, del corredor a la mesa de escribir, un ir y venir de sus clases en la Facultad de Filosofía y Letras al Instituto Kairos, una premura, un ansia que punzaba sin mañana y sin noche. Muchas veces avisó que se iba a morir.

> . . . . .
> Si muriera esta noche
> sería sólo como abrir la mano,
> como cuando los niños la abren ante su madre
> para mostrarla limpia, limpia de tan vacía.
> Nada me llevo. Tuve sólo un hueco
> que no se colmó nunca. Tuve arena
> resbalando en mis dedos. Tuve un gesto
> crispado y tenso. Todo lo he perdido.
> . . . . .

*De la vigilia estéril*: "Dos poemas"

Dentro de la obra poética de Rosario Castellanos, veinte poemas giran en torno a la muerte, sin contar los dos poemas dramáticos *Judith* y *Salomé* y sus dos únicas novelas: *Balún Canán* y *Oficio de tinieblas.* Rosario se interrogó acerca de la muerte una y otra vez, obsesiva y desolada:

¿Qué se hace a la hora de morir? ¿Se vuelve
la cara a la pared?
¿Se agarra por los hombros al que está cerca y oye?
¿Se echa uno a correr, como el que tiene
las ropas incendiadas, para alcanzar el fin?

¿Cuál es el rito de esta ceremonia?
¿Quién vela la agonía? ¿Quién estira la sábana?
¿Quién aparta el espejo sin empañar?

Porque a esta hora ya no hay madre y deudos.

Ya no hay sollozo. Nada, más que un silencio atroz.

Todos son una faz atenta, incrédula
de hombre a la otra orilla.

Porque lo que sucede no es verdad.

Así nos quedamos nosotros a la otra orilla, incrédulos. Así también Emilio Carballido, quien nunca acabó de asimilar lo sucedido y permaneció de pie bajo la lluvia hasta que cayera la última paletada de tierra, mientras Alcira cada vez más mojada, el pelo como cortina de agua sobre los hombros, sacaba ahora de su morral biografías de Rosario que había mecanografiado en la mañana en la universidad, y que repartía; pañuelos de adiós. "No la dejen —imploraba Alcira—, no la olviden. Rosario nos hizo un encargo —insistía—, nos hizo un encargo."

Cuando yo muera dadme la muerte que me falta
y no me recordéis.
No repitáis mi nombre hasta que el aire sea
transparente otra vez.

No erijáis monumentos que el espacio que tuve
entero lo devuelvo a su dueño y señor
para que advenga el otro, el esperado,
y resplandezca el signo del favor.

## Una ambición literaria fiel y generosa

Con razón tradujo Rosario a Emily Dickinson, a Paul Claudel, a St. John Perse. Los tres coinciden con ella en el fervor, los tres quisieron izar velas en el palo mayor y no es más aventurado el viaje de la Dickinson entre el recibidor y el pórtico de su pequeña casa de soltera en Armherst que el de St. John Perse o el de Claudel sobre las diplomáticas aguas entre los continentes.

Rosario hizo esta versión de la Dickinson:

Si no estuviese viva
cuando la primavera se anunciara
dadle a aquel petirrojo
—como recuerdo mío— una migaja.

Si porque duermo, ay, tan profundamente

no puedo dar las gracias
sabed que entre mis labios de granito
quedaron detenidas las palabras.

En sus encargos, Rosario y Emily parecen hermanas y al leerlas no sabemos cuándo acaba una y empieza la otra. "Morir no hiere tanto. / Nos hiere más vivir", dice Emily y parece ser lema de Rosario. Sin embargo, Emily, que hacía un *black cake* para sus sobrinos e incluso nos legó la receta, fue más humilde. "Los pájaros del sur tienen costumbre / —cuando la escarcha está a punto de caer— / de emigrar hacia climas más benévolos. / Nosotros no sabemos sino permanecer." Rosario en cambio se debatió, nunca salió del azoro que le provocaba la injusticia. Siempre se preguntó incrédula: "¿Por qué no soy feliz?" Anduvo con una flor en la mano buscando a quién regalársela. Nunca guardó distancias, quedó abierta, ofrecida "a las visitaciones, al viento, a la presencia". Emily aceptó la doble llave de su encierro, Rosario salió de su recámara, caminó sobre sus pies chiquitos como alfileteros, miró el mundo, se sentó al borde de la silla a hojear revistas en la sala de espera, alguna vez desfalleció y por eso le hizo esta advertencia al que llega: "No me toques el brazo izquierdo. Duele / de tanta cicatriz. / Dicen que fue un intento de suicidio / pero yo no quería más que dormir / profunda, largamente como duerme / la mujer que es feliz."

## En América Latina es el hábito el que hace al monje

Las críticas a estas traducciones (Dickinson, Claudel, St. John Perse) resultaron sangrientas. Rosario en cierta forma es considerada una escritora inferior, "caserita" como la comida casera, simple, fácil de hacer a un lado. Su entronización viene con su muerte pero mientras vida lleva sobre la tierra, Rosario se mueve —a pesar de lo mucho que la quieren sus amigos— en un medio que la minimiza. Se le considera graciosa, muy buena conversadora, pero sus novelas mal llamadas *indigenistas* son calificadas de grises, oscuras, apocadas, y la imagen un tanto derrotista que proyecta de sí misma es aprovechada por quienes no tienen el menor interés en que salga adelante. José Joaquín Blanco habría de escribir en su *Crónica de la poesía mexicana*: "Rosario Castellanos es una historia de soledad y una ambición literaria fiel y generosa que desgraciadamente exigía mucho mayor vigor y talento de los que ella pudo dedicarles en un medio que, además, le fue hostil. Escribió mucho y sus textos son acaso más valiosos por los obstáculos a los que se atreve que por sus resultados. Sus retos narrativos y poéticos fueron grandes y los realizó con una actitud admirable tanto en la crítica a la vida en Chiapas como a la situación opresiva de la mujer mexicana en los cincuentas que ella padeció, ninguneada en los medios culturales por gente harto inferior a ella."

Rosario confiesa que se le quema el arroz, se le pierde la boleta predial y la engaña su marido. En un país como el nuestro, en donde la cultura es acartonada y ceremoniosa y los escritores hablan de sí mismos en tercera persona, Rosario se la pasa desensolemnizándose. En América Latina es el hábito el que hace al monje. Rosario Castellanos no practica el verbalismo apologético de muchos de sus colegas, parece querer sobresalir más por sus errores que por sus aciertos, no se administra, habla con todos de todo y a todas horas, es tremendamente extrovertida y accesible y esto la hace más vulnerable. No puede ser importante alguien que no se da importancia. En sus artículos, Rosario hace hincapié en que no habla un solo idioma salvo el español, que no le gusta viajar porque se pierde en las calles y olvida el nombre de su propio hotel, que ser turista la deprime, que no sabe nadar y que la única playa al alcance de sus limitaciones es Caletilla en Acapulco. Juzga su obra con gran dureza, casi diríase que hace mofa de ella cuando le declara, por ejemplo, a Margarita García Flores, al establecer un historial de sus libros:

"...Luego aparece un libro que tuvo el título bastante desdichado por los juegos de palabras a los que se prestaba: *De la vigilia estéril*. Pero el título no es lo más grave del libro, sino las maneras de hablar. Hablo allí como si fuera una mujer muy vital, muy sensual, muy rodeada de amor y de pasión. Y eso es pura y estrictamente retórica."

# La persistencia recurrente de ciertas figuras

La línea autobiográfica en la obra de Rosario Castellanos es continua y fácilmente reconocible. Emilio Carballido le aconseja recuperar sus recuerdos de infancia, y surge la primera de sus novelas, *Balún Canán,* que más que la vida de los chamulas relata su soledad de niña. Rosario misma lo dijo en un artículo enviado desde Tel Aviv cuando ya era embajadora de México, el 27 de junio de 1971, en esos años en que sus artículos se convierten en una suerte de recuento para recuerdo. Explica en *Satisfacción no pedida*:

"...y que si hay un hilo que corra a través de las páginas de *Balún Canán,* de *Oficio de tinieblas,* de *Ciudad Real* y de *Los convidados de agosto* no son las tierras altas de Chiapas en las que se desarrolla la anécdota, ni la inconformidad y rebeldía de un grupo contra sus opresores, ni menos aún esos opresores encerrados en una cárcel de prejuicios que no son capaces de abandonar porque fuera de ella su vida carece de sustento y sus acciones de justificación.

"No, la unidad de esos libros la constituye la persistencia recurrente de ciertas figuras; la niña desvalida, la adolescente encerrada, la solterona vencida, la casada defraudada. No hay otra opción. Dentro de esos marcos establecidos, sí, la fuga, la locura, la muerte. La diferencia entre un cauce y otro de vida es únicamente de grado. Porque si lo consideramos bien, tanto las primeras como las otras alternativas no son propiamente cauces de vida sino formas de muerte."

## LA FERIA DE SAN CARALAMPIO

En Comitán, Chiapas, ciudad fronteriza con Guatemala, Rosario muy pronto habría de indignarse contra la explotación de los chamulas que caminan silenciosos y furtivos. Blanca, casi transparente, con unos grandes ojos negros, Rosario Castellanos será siempre una flor de invernadero. En Comitán transcurren sus primeros años, y muy pronto se sabe una hacendada en medio de esclavos, una blanca en medio de indios. Comitán es un poblado de caseríos de rojas tejas empinadas, llamadas a misa, y sobre todo, de pies descalzos, los de los chamulas que Rosario observa así como escucha confiada a su nana Rufina o a su cargadora, María Escandón, una criatura de su edad, indígena, muñeca de carne y hueso. (La costumbre dictaba que los patrones regalaran a sus hijos un compañero de juegos, y Rosario se entretuvo de niña con María Escandón que la cargaba de aquí para allá. Sólo se separó de María el día de su boda. "Ahora ya vas a estar bajo mano de hombre", le dijo la india y regresó a Chiapas.)

Por lo demás, la vida lenta se vive de puertas para adentro: Rosario conoce el encierro, los oficios pequeños, los patios interiores, la lluvia que da contra la ventana, el rezo arrebujado y tristón y lo único que rompe la monotonía son las ferias anuales, sobre todo la de San Caralampio. Rosario sube entonces a la rueda de la fortuna y juega a la lotería. De allí en fuera deambula por la casa sin encontrar su lugar, les estorba a las sirvientas en su quehacer, se sienta en la silla que van a sacudir y arruga la colcha que acaban de tender. Es entonces cuando la niña adquiere la sospecha de que su condición femenina le impide emprender las aventuras de Benjamín su hermano, que montado a caballo y con fuete en la mano visita las fincas cafetaleras acompañando a su padre, don César Castellanos.

## El varón

"Mi mamá se dedicó a hacer jueguitos de espiritismo con una amiga suya. En uno de esos juegos la amiga tuvo una revelación que recuerdo muy vivamente, a pesar de mis ocho años, porque fue para mí determinante. Estábamos descansando en el comedor, mi hermano de siete años, mi mamá y yo cuando entró despavorida esta amiga, con el pelo blanco todo parado y sin peinar, como una especie de medusa, y le dijo a mi mamá que acababa de aparecérsele un espíritu que le avisó que uno de sus dos hijos iba a morir. Entonces mi mamá se levantó como resorte y gritó: 'Pero no el varón ¿verdad?' "

Este grito lo escucharía Rosario a lo largo de su vida, porque Rosario deseó la muerte de Benjamín —a quien llama Mario en su novela *Balún Canán*— y cuando murió (de una apendicitis mal atendida) la niña se sintió culpable. Sus padres se refugiaron en su dolor y la dejaron a solas. César Castellanos prefirió ir todos los domingos a leer cuentos sobre la tumba de Benjamín, que leérselos a la hermana que quedaba.

## Me evadí de la soledad por el trabajo

"Mi experiencia más remota radicó en la soledad individual; muy pronto descubrí que en la misma condición se encontraban todas las otras mujeres a las que conocía: solas solteras, solas casadas, solas madres. Solas en un pueblo que no mantenía contacto con los demás. Solas, soportando unas costumbres muy rígidas que condenaban el amor y la entrega como un pecado sin redención. Solas en el ocio porque ése era el único lujo que su dinero sabía comprar. Retratar esas vidas, delinear esas figuras, forma un proceso que conserva una trayectoria autobiográfica. Me evadí de la soledad por el trabajo; esto me hizo sentirme solidaria de los demás en algo abstracto que no me hería ni trastornaba como más tarde iban a herirme el amor y la convivencia."

## Del feudalismo a la universidad

Si la infancia y la adolescencia de Rosario resultan casi feudales (su padre, el hacendado, otorgaba los bienes; frente a él se inclinaban los indígenas), al ingresar a la universidad accede a nuevas formas de vida. Sus amigos son Margarita Michelena, Emma Godoy, Jaime Sabines, Sergio Magaña, Dolores Castro, Juan Rulfo, Ernesto Cardenal, Efrén Hernández el maestro, Marco Antonio Millán, y termina su carrera de letras en España a la sombra de Dámaso Alonso.

En otro artículo enviado desde Tel Aviv, el 19 de julio de 1973, Rosario advierte:

> Recapitulemos: primero hija única, sin asistencia regular a ninguna escuela o institución infantil en la que me fuera posible crear amistades. Abandonada durante mi adolescencia a los recursos de mi imaginación, la orfandad repentina y total me pareció lógica. Permanecí soltera hasta los treinta y tres años durante los cuales alcancé grados de extremo aislamiento, confinada en un hospital para tuberculosos, sirviendo en un instituto para indios.
>
> Luego contraje un matrimonio que era estrictamente monoándrico por mi parte y totalmente poligámico por la parte contraria. Tuve tres hijos de los cuales murieron los dos primeros. Recibí el acta de mi divorcio (cuyos trámites se habían iniciado con la debida anticipación) ya en mi casa de Tel Aviv.
>
> Añada usted a todo ello que soy tímida y que, mientras no fue mi obligación, no asistí a ninguna fiesta por temor a mezclarme con los demás, a confundirme, a abolir esa distancia que tan a salvo me mantenía de todo contacto sentimental.
>
> Para sentirme acompañada yo no necesité prácticamente nunca de la presencia física de otro. Cuando era niña hablaba sola, porque soy Géminis. Antes de dejar de ser niña ya había comenzado a escribir versos y ¿cuál fue el resultado de mi primer enamoramiento? La redacción de un diario íntimo que surgió primero como un instrumento para acercar al objeto amoroso pero que acabó por sustituirlo y suplantarlo por completo. Derivé, del tema al que se suponían exclusivamente consagradas las páginas de un cuaderno escolar, a la crónica de

los sucesos del pueblo entero. Crónica que después me ha servido para escribir cuentos, novelas, poemas...

Dentro de ese mismo orden de ideas, Rosario Castellanos le dijo a Beatriz Espejo en 1967, en una entrevista imprescindible para todos aquellos que quieran conocerla:

> ...mis enamoramientos y mis desengaños se desarrollaban en un plano estrictamente imaginario. Estoy segura de que mis "grandes amores" jamás advirtieron que generaban en mí una gama variadísima de estados anímicos y una serie interminable de sonetos. Estas experiencias no trascendían desde el punto de vista real ni literario. En "Lamentación de Dido" la experiencia fue tan pobre como las anteriores; pero logró plasmarse en una forma literaria que todavía considero válida.

### Del desencanto a la ironía

El objeto de sus sarcasmos es ella misma. En "Entrevista de prensa" se cuestiona:

> Pregunta el reportero, con la sagacidad
> que le da la destreza de su oficio:
> —¿Por qué y para qué escribe?
>
> —Pero, señor, es obvio. Porque alguien
> (cuando yo era pequeña)
> dijo que gente como yo, no existe.
> Porque su cuerpo no proyecta sombra,
> porque no arroja peso en la balanza,

porque su nombre es de los que se olvidan.
Y entonces... Pero no, no es tan sencillo.

Escribo porque yo, un día, adolescente,
me incliné ante un espejo y no había nadie...
¿Se da cuenta? El vacío. Y junto a mí los otros
chorreaban importancia.

No, no era envidia. Era algo más grave. Era otra cosa.
¿Comprende usted? Las únicas pasiones
lícitas a esa edad son metafísicas.
No me malinterprete.

Del candor, Rosario pasa a una suerte de rabia. No se compadece. Se burla de haber creído. Tonta de mí. Se burla de haber tenido fe religiosa, fe en sí misma, fe en los demás. ¿De qué le sirve ahora el reconocimiento? ¿Es la fama una pista de despegue de la cual puede lanzarse a una nueva forma de vida? No. ¿Por qué? Porque sigue atrapada por su condición femenina. Y su sexo es su destino. Cualquier hombre a su edad se escuda en la acción, Rosario sobrevive gracias a su escritura. José Joaquín Blanco califica la mayor parte de los poemas que integran *Poesía no eres tú* de sentimentales, amargos, religiosos y domésticos aderezados con mitos (Hécuba, Penélope, Nausica) y figuras alegóricas (la madre, la solterona, la abandonada, la cortesana, etcétera) "pensados más para la declamación no oratoria y engolada sino recitada y triste como las oraciones de las mujeres en el templo —ágora femenina— y a media voz, lenguaje femenino..."

Resulta curioso que al juzgar su obra y su vida (o su obra que es su vida) José Joaquín Blanco, que es un hombre joven, lo hace con la voz del padre. A ningún otro poeta lo juzga a partir de su condición y sexo como lo hace con Rosario. La condena porque habla de su *ser mujer* y rechaza la acusación de Rosario con un gesto irritado como si quisiera apartarla de su pensamiento. La literatura no es terapia ni catarsis. La literatura es un ejercicio consciente y lúcido, un acto de creación. Ya basta de lloronas, de sepultureras, basta de flujos femeninos, lágrimas o sangre menstrual, la del suicidio, el rojo que le embarran al hombre. Toda esta húmeda entraña femenina es repulsiva; que las mujeres no babeen encima de nosotros, no nos envuelvan en su vagina, no evidencien la blandura de un vientre que se hincha como tambor cada nueve meses; que se larguen con sus mocos a otra parte.

## El discurso de Rosario, clave en la causa de la mujer

¿Por qué es importante Rosario para las mujeres de México? Porque se dijo a sí misma y al decirse definió también a muchas mujeres cuya suerte es idéntica. ¿Qué dijo de sí misma? Habló de su miedo, su soledad, su actitud de espera, la pretensión de darle a su vida un sentido. Tuvo el atrevimiento de explorarse a sí misma, desgarrarse y salir de los papeles estipulados. En la literatura se liberó. Aunque nunca se expuso en la vía pública ni empleó el lenguaje feminista nos dio el mayor alegato de nuestro tiempo mexicano. Su discurso en el Museo Nacional de Antropología e Historia el día 15 de febrero de 1971 es clave en la causa de la mujer porque por vez primera, a nivel nacional, Rosario denunció la injusticia en contra de la mujer y declaró que no era equitativo ni legítimo que uno pueda educarse y el otro no, que uno pueda trabajar y el otro sólo cumpla con una labor que no amerita remuneración, que uno sea dueño de su cuerpo y disponga de él como se le da la real gana mientras que el otro reserva ese cuerpo no para sus propios fines sino para que en él se cumplan procesos ajenos a su voluntad. Rosario, ese día, fue ciertamente la precursora intelectual de la liberación de las mujeres mexicanas. Su grito, el "de esa mujer que grita en un páramo inmenso, / en el que cada peña, cada tronco/carcomido de incendios, cada rama/retorcida, es un juez o es un testigo sin misericordia/" conmovió a todos y tuvo amplias repercusiones. Su vocación literaria sirvió a las mujeres de su país, las obreras y las burócratas, las amas de casa y las campesinas que caminan de sol a sol en los páramos, entre las peñas y los troncos carcomidos de incendios. El grito de Rosario al tocar fondo era necesario para que después vinieran chavas más alivianadas, más modernas, distintas a nuestras abuelas que morían de amor o a la alondra del Papaloapan, Josefa Murillo, quien escribía lánguidamente que el amor es una lágrima.

## No te acerques a mí, hombre que haces al mundo

Es cierto que las mujeres —en cualquier clase social— no solemos tener mucha conciencia de lo que nos sucede. Minimizamos nuestra frustración, rumiamos pasivamente nuestros rencores sin decírnoslos ni a nosotras mismas. Dentro de esta especie de limbo ¿qué mujer sabe realmente lo que le pasa? Nos movemos durante años en esta tierra de nadie, los días buenos se ensartan con los malos y con los súbitamente críticos en que amanecemos preguntándonos: "¿Qué soy? ¿Para qué estoy aquí? ¿De qué sirvo?" Si los hombres son insensibles a nuestra angustia ¿por qué empeñarnos a toda costa en atraer su atención sobre ella? ¿Por qué somos tan llevadas de la mala? ¿Por qué a lo largo de los muchos años de nuestra vida lo único que parece importarnos es convencer a ese espectador indiferente de nuestra valía que nada tiene que ver con los atributos que nos ha endilgado la sociedad? Rosario se queda a la orilla mirando incrédula al hombre, al macho que comete actos de egoísmo y de soberbia para ella inexplicables, y en vez de irse, buscar su propio camino, permanece imantada. "No te acerques a mí, hombre que haces el mundo, / déjame, no es preciso que me mates. / Yo soy de los que mueren solos, de los que mueren / de algo peor que vergüenza. / Yo muero de mirarte y no entender."

## El sauce que llora en la orilla

Su condición de sauce enraizado en la desgracia la hunde cada vez más. La tierra "tenebrosa y compacta" le impide seguir el cauce del agua. "Trémula como un sauce contemplo tu corriente / formada de cristales transparentes y fríos." En su poema más grande, "Lamentación de Dido", Rosario advierte: "La mujer es la que permanece; rama de sauce que llora en las orillas de los ríos." Y otra vez repite: "Nada detiene al viento. ¡Cómo iba a detenerlo la rama de sauce que llora en las orillas de los ríos!"

Las imágenes del sauce vuelven una y otra vez en *Judith,* uno de sus poemas dramáticos, y dice: "...y a un sauce en cuyas hojas el aire va tañendo un arpa de sollozos".

Rosario parece serle fiel a una desventura: "Ah, convertirme en sauce y llorar para siempre en tus orillas." Y en "Misterios gozosos": "Por nada cambiaría/ mi destino de sauce solitario/extasiado en la orilla."

Rosario misma se condena. No ha encontrado el modo. No supo extender sus ramas, aventarlas hacia afuera; colgaron sobre el agua, lloraron como el sauce. Su destino la ancla. En "Elegía", dice:

> Nunca como a tu lado, fui de piedra.
>
> Y yo que me soñaba nube, agua,
> aire sobre la hoja,
> fuego de mil cambiantes llamaradas,
> sólo supe yacer,

pesar, que es lo que sabe hacer la piedra
alrededor del cuello del ahogado.

•

### Se deslizó una errata en el crucigrama

Si Rosario daba la impresión de ser una de las mujeres más frágiles que puedan darse sobre la faz de la tierra, necesitó una voluntad de hierro para llevar a cabo su obra; ser maestra, impartir sus seminarios de literatura comparada en la universidad, ser profesora visitante en Wisconsin y Bloomington, dar su cátedra sobre literatura latinoamericana en la Facultad de Filosofía y Letras, instalarse en Israel y manejar asuntos diplomáticos. Se le hacía tarde, sí, se caía, sí, pero nunca por dentro (aunque ella así lo creyera), se angustiaba, sí, pero una voluntad más fuerte que ella misma la hacía seguir adelante, y en la noche, sentada frente a la máquina, escribía de un tirón un extraordinario poema sin preguntarse siquiera acerca de su cansancio. A Rosario le pasaba lo mismo que a todas las mujeres del mundo que atienden al esposo, a los hijos, corren al mercado, riegan las macetas, quitan el polvo, pero transformaba estos sucesos de la vida diaria en "materia memorable". Aunque en la noche recurría al "Válium 10" porque tenía "la penosa sensación / de que en el crucigrama se deslizó una errata / que lo hace irresoluble" supo aceptar la condición humana:

> Después de todo, amigos,
> esta vida no puede llamarse desdichada.

En lo que a mí concierne, por ejemplo,
recibí en proporción justa, en la hora exacta
y en el lugar preciso y por la mano
que debe dar, las dádivas.

Así tuve los muertos en la tumba,
el amor en la entraña,
el trabajo en las manos y lo demás, los otros,
a prudente distancia
para charlar con ellos, como vecina afable
acodada en la barda...

## Rosario es finalmente una creadora, una hacedora de libros

Rosario fue una gran escritora mexicana y lo fue no sólo para sí misma sino para las demás; las que vendrían después. Abrió grande la puerta de la literatura femenina y la inició. En cierta forma es gracias a ella que escribimos las que ahora pretendemos hacerlo. Antes que ella, nadie sino Sor Juana —fenómeno aparte que gira aislado y deslumbrante— se entregó realmente a su vocación. Ninguna vivió realmente para escribir. Rosario es finalmente eso, una creadora, una hacedora de libros. Sus libros —poesía y prosa— son el diario de su vida. Y su vida estuvo marcada por la muerte. Había en ella, como en la tragedia griega, la mitad de un rostro risueño y la otra de uno que llora. Su esfuerzo, a lo largo de sus cuarenta y nueve años de vida, es un esfuerzo moral y nos la hace valiosa, entrañable, mucho más cercana que ninguna otra figura femenina. Rosario completó su obra con su vida y entre las dos —vida y obra, rostro que ríe, rostro que llora—, acrecentó sus dones para devolverlos a la tierra "cual dádiva resplandeciente". Supo que escribir era su oficio, pero desde un principio vivió su doble condición, mujer y mexicana, mujer y latinoamericana, mujer del subdesarrollo (término tecnócrata para señalar a los que aún no crecen). Testigo de su propio aislamiento y de su impotencia, quiso hacerlos evidentes con la mayor autenticidad. Nunca mintió, nunca fingió; salvaguardó siempre su verdad interna.

> Yo no voy a morir de enfermedad
> ni de vejez, de angustia o de cansancio.
> Voy a morir de amor, voy a entregarme
> al más hondo regazo.
> Yo no tendré vergüenza de estas manos vacías
> ni de esta celda hermética que se llama Rosario.
> En los labios del viento he de llamarme
> árbol de muchos pájaros.

A

Raúl Ortiz y Ortiz

# RECONOCIMIENTOS

Mis agradecimientos al licenciado Raúl Ortiz y Ortiz, quien fue un verdadero Virgilio durante mis primeras exploraciones de la obra de Rosario Castellanos; a Marcia Anne Bigelow, autora de una tesis sobre la escritora mexicana, quien me iluminó algunos aspectos no sospechados de su poesía; a la profesora Hilde Cramsie, quien leyó y corrigió la versión española de la introducción; finalmente a Gary Keller y la Prensa Bilingüe, que nos otorgó el permiso de emplear la introducción, escrita originalmente para la edición norteamericana.

JULIAN PALLEY

# INTRODUCCIÓN

## Rosario Castellanos: Eros y ethos

La poesía tardía de Rosario Castellanos, que figura prominentemente en esta antología, nos habla, a veces con una franqueza sorprendente, de los problemas interiores de la sexualidad y del amor angustiados, mientras, a la vez, proyecta y critica la situación subordinada de las mujeres en las estructuras de la sociedad latinoamericana. Desde luego, e inevitablemente, las demandas interiores y las represiones del orden simbólico, o la sociedad, forman parte de esta relación compleja y recíproca. El conflicto entre las demandas interiores y la represión externa se hace el tema principal de su mejor poesía; un tema que, a mi juicio, ningún otro (u otra) poeta latinoamericano ha tratado con tanto candor, profundidad y maestría. Al mismo tiempo, ese tema es superado por una compasión social y existencial. En las páginas que siguen examinaré varios aspectos de la poesía de Castellanos: el feminismo, el deseo, su estilo y su empleo del monólogo dramático.[1]

*Nota*: Las traducciones del inglés y del francés son del autor.

[1] En este ensayo emplearé algunos de los términos que se han derivado de la obra del psicoanalista francés Jacques Lacan, quien ha ampliado y refinado el pensamiento de Freud. Los

Gran parte de la producción literaria de Castellanos —poesía, novela, cuento, ensayo y teatro— demuestra una postura feminista de crítica del papel y el tratamiento de las mujeres en la sociedad mexicana contemporánea. *Sobre cultura femenina* fue el título de su tesis de licenciatura presentada en 1950 a la Facultad de Filosofía y Letras de la Universidad Nacional Autónoma de México. La escritora Elena Poniatowska la llamó "el punto de partida para el movimiento femenino contemporáneo en México".[2]

conceptos lacanianos no comprenden un "método" que se pueda aplicar directamente a la literatura; son más bien un contexto, una perspectiva nueva, que podrán cambiar nuestras percepciones del lenguaje y de la obra de arte. En términos breves, he aquí algunos conceptos a los cuales aludo en el texto: el niño (*in-fans*) que todavía no ha aprendido a hablar, primero entra en el *estado imaginario*, en el que logra captar su imagen en un espejo o en la imagen de un compañero. Poco a poco se inserta en el *orden simbólico*, el mundo del lenguaje y de las costumbres, del *significante*. El adolescente y el adulto se encuentran plenamente en el orden simbólico y, en cierto modo, son prisioneros de la cultura, del lenguaje. Han sufrido una *ruptura* (*spaltung*) entre la parte más verdadera de nuestro ser y el sujeto del discurso consciente, del comportamiento social y cultural (del yo o *ego*). La expresión "el Nombre-del-Padre" (*nom-du-père*) se refiere a la dominación masculina de nuestra cultura histórica: las leyes, las censuras y prohibiciones, y no a algún padre real o particular.

Para buenas exposiciones del pensamiento de Lacan, véase Anika Lemaire, *Jacques Lacan*, y Anthony Wilden, *The Language of the Self*.

[2] Citado en Maureen Ahern y Mary Seale Vásquez, comps.

"Esta tesis", escribió Mary Seale Vásquez,

> explora los motivos por la falta de la participación cultural femenina, y encuentra que los términos en los cuales tal actividad se realizaba en una cultura dominada por los hombres, resultaban ajenos a las mujeres que buscaban la permanencia, no en la obra de arte, sino en la maternidad.[3]

Desde esa fecha, y hasta su muerte en 1974, Castellanos había llegado a ser el portavoz más destacado del feminismo en México. Una colección de ensayos sobre el feminismo y las feministas, *Mujer que sabe latín...*[4] apareció en 1973, con ensayos sobre Simone Weil, Virginia Woolf, Mary McCarthy y Betty Friedan, entre otras.

La protesta feminista en su poesía toma varias vertientes. Su indignación por el *status* inferior de las mujeres y su falta de reconocimiento en la sociedad mexicana (un motivo de su novela *Balún Canán*) aparece en poemas como "Entrevista de prensa" y "Ninguneo".

El papel sexual de la mujer frente al hombre y la hipocresía causada por esta situación se revelan claramente en "Kinsey Report", mientras que la tragedia de la privación sexual y emocional se describe

*Homenaje a Rosario Castellanos* (véase Bibliografía), de Beth Miller, en *Feminist Studies*, 3 (Primavera-verano, 1976), página 68.

[3] Mary Seale Vásquez, p. 21.

[4] El título viene del refrán español: "Mujer que sabe latín ni tiene marido ni tendrá buen fin."

en "Jornada de la soltera". La esclavitud —consciente o inconsciente— de la casa y la cocina (véase también su hermoso cuento "Lección de cocina") y las vejaciones debidas a las responsabilidades divididas entre la casa y el trabajo configuran "Válium 10" y "Economía doméstica". La sexualidad y el amor, y sus frustraciones, emergen en "Pequeña crónica" y "Ninfomanía"; mientras que las paradojas e imposibilidades del matrimonio aparecen en "Ajedrez". La imagen irónica de sí misma, la que incluye reflexiones tragicómicas sobre el hecho de ser una mujer intelectual de la clase media en México, es el tema de "Autorretrato". Habrá referencias a la mayoría de estos poemas durante el transcurso de este ensayo.

Encontramos en su obra una confrontación franca y valerosa con las hipocresías, las luchas veladas y la subyugación de la mujer y su sufrimiento que prevalecen en la sociedad mexicana y en la de Latinoamérica en general. Sin embargo, Castellanos era una feminista que no empleaba la retórica enfadada de algunas feministas norteamericanas. Como ha dicho Benoîte Groult de las feministas francesas, ella es capaz de reírse de sí misma y de colocarse en una perspectiva irónica.[5] No mira al Otro como enemigo, sino

[5] "El feminismo norteamericano parece ser la imagen de lo que no debe ser (*de ce qu'il ne fait pas faire*); ha creado una verdadera batalla de los sexos que aparece tanto en el cine como en la literatura, o en la vida profesional. Uno ve claramente los peligros. Francia tiene la buena fortuna de ser un país medio céltico, medio latino, y existe aquí una tradición de humor entre sus gentes, totalmente ausente en los puritanos, quienes demuestran una distancia e hipocresía social responsa-

que busca la reconciliación y la liberación de los dos sexos; así leo el mensaje de "Meditación en el umbral", que termina con el verso "...otro modo de ser humano y libre". Hay también crítica social de índole general, no relacionada con los temas feministas, por ejemplo, en los poemas sobre el sufrimiento de los indios en Chiapas en *El rescate del mundo*, y en poemas tales como "El otro" (sobre la solidaridad que siente la poeta con los pobres y con las víctimas de la agresión social) y "Memorial de Tlatelolco" sobre la conocida masacre de estudiantes en la ciudad de México en 1968.[6]

### *"La mujer no existe"*

En los diálogos de Luce Irigaray con Lacan, a quien alternativamente afirma y ridiculiza, la escritora francesa juega con el aserto de que en nuestra sociedad falocéntrica, en nuestro discurso esencialmente masculino, la mujer no tiene lugar.

> Lo que está en exceso en relación con la forma —como por ejemplo el sexo femenino (el órgano)... siendo rechazado como por debajo de o más allá del sistema que

ble por el estado actual de las cosas. Esto no podría suceder en Francia, donde la gente sabe reírse de sí misma, y además felizmente, porque, después de todo, la mayoría de las mujeres están destinadas a compartir su vida con un hombre." De una entrevista con Groult en la *Journal Français d'Amérique*, 5, núms. 14-15, julio-agosto 4, 1983, p. 12.

[6] Sobre el feminismo en Castellanos, véanse también los artículos de Eliana Rivero y Gabriella de Beer, en la Bibliografía.

> rige actualmente. "La mujer no existe." Tanto en *Encore* como en *Televisión* Lacan afirma repetidamente que "La mujer no existe". El discurso, el sistema reinante, no puede incluir a la mujer, porque requiere lo sólido, lo idéntico a la exclusión de lo fluido. "Sin embargo, la criatura femenina habla, habla fluidamente." El habla histérica, sin forma e inútil como el derrame de la matriz...[7]

La "fluidez" del discurso de la mujer (y de su cuerpo) es un motivo que se halla en la poesía tardía de Castellanos. En "Pasaporte", por ejemplo, la hablante se refiere a sí misma como

> Mujer, pues, de palabra. No, de palabra no.
> Pero sí de palabras,
> muchas, contradictorias, ay, insignificantes,
> sonido puro, vacuo cernido de arabescos,
> juego de salón, chisme, espuma, olvido.

¿La autora habla de sí misma o de la mujer en general? La "fluidez" del cuerpo también está presente. En la teoría lacaniana, construida sobre la de Freud, el humano sufre la pérdida y la separación del cuerpo o de los senos de la madre (la que en su terminología se denomina el *objet petit a*); y ya que el hombre y la mujer eternamente buscan ese objeto perdido, la sexualidad siempre fracasa. "Ahora, según Irigaray, el objeto *a* remite al estado fluido, la leche, el fluir luminoso, las ondas acústicas... por no hablar de los

[7] Jane Gallop, *The Daughter's Seduction: Feminism and Psychoanalysis* (Ithaca: Cornell Univ. Press, 1982), p. 39.

gases que se inspiran, que se emiten, perfumados diferentemente, la orina, la saliva, la sangre, el mismo plasma, etcétera." [8] De este modo Lacan e Irigaray relacionan la economía "fluida" de la mujer con lo amorfo de su discurso. El hombre representa lo sólido, lo fálico. En "Pequeña crónica" de Castellanos son los fluidos los que ella más recuerda de su experiencia amorosa, los fluidos que no se pueden captar en la mera tinta, que "viene de tan ajenos manantiales". Entre estos fluidos, había la sangre de un himen roto y

> La hemorragia mensual o sea en la que un niño
> dice que sí, dice que no a la vida.
>
> Y la vena
> —mía o de otra ¿qué más da?— en que el tajo
> suicida se hundió un poco o lo bastante
> como para volverse una esquela mortuoria.
>
> Hubo, quizá, también otros humores:
> el sudor del trabajo, el del placer,
> la secreción verdosa de la cólera,
> semen, saliva, lágrimas.

La hablante en muchos de los poemas de Castellanos se ve a sí misma como un no ser, un ser sin identidad; es decir, como la cultura dominante falocéntrica la había percibido y fijado desde la niñez. Este concepto de sí misma se ve más claramente en "En-

[8] Gallop, p. 40.

trevista de prensa", aunque está sugerido a través de su poesía:

> Pregunta el reportero, con la sagacidad
> que le da la destreza de su oficio:
> —¿Por qué y para qué escribe?
>
> —Pero, señor, es obvio. Porque alguien
> (cuando yo era pequeña)
> dijo que gente como yo, no existe.
> Porque su cuerpo no proyecta sombra,
> porque no arroja peso en la balanza,
> porque su nombre es de los que se olvidan.
> Y entonces... Pero no, no es tan sencillo.
>
> Escribo porque yo, un día, adolescente,
> me incliné ante un espejo y no había nadie...

Es significativo que el reportero sea un hombre, el tipo de hombre, se puede colegir, que se pregunta por qué las mujeres hacen cosas que no sean quedarse en casa y criar niños. Más tarde, en este poema, "descubrí / que la palabra tiene una virtud:" con la cual se impuso en el mundo masculino, y hasta dejó algunos "cadáveres". Sin embargo, el amor y la felicidad no eran "viables". Salió de su no ser por medio de su arte, su escritura; aunque eso no bastaba para traer la felicidad. Y convirtió su "feto" en el poema "del libro del que usted hará el elogio".

El no ser de la hablante en "Ninguneo" es más bien político; o sea que, además del no ser que resulta de vivir en una sociedad falocéntrica, se añaden las maniobras del asesinato político en el sentido psicológico:

La sentencia que dicta: "No existes." Y la firman
los que para firmar usan el Nos
mayestático: el Único que es Todos;
los magistrados, las cancillerías,
las altas partes contratantes, los
trece emperadores aztecas, los poderes
legislativo y judicial, la lista
de Virreyes, la Comisión de Box,
los institutos descentralizados,
el Sindicato Único de Voceadores y...
...y, solidariamente, mis demás compatriotas.

Tenemos aquí una letanía humorística de la autoridad masculina, del *nom-du-père* que se remonta a los emperadores aztecas, que la condenan al no ser. Pero en este caso su no ser puede relacionarse con un hecho histórico. Cuando un rector popular de la Universidad Nacional fue despedido por razones políticas, Castellanos y muchos de sus colegas dimitieron; pero su oposición al régimen fue asimilada por ésta cuando, subsecuentemente, la nombraron embajadora en Israel. Éstas, a mi juicio, son las circunstancias históricas del poema.

El no ser de la mujer no casada, en "Jornada de la soltera", es más agudo, más trágico. La casada, aunque marginada, por lo menos se realiza, parcialmente, en la casa y los hijos. La soltera, en la sociedad de la escritora, no tiene realización posible; su misma existencia "da vergüenza". Su trabajo es "sin mérito y sin fruto":

Y no puede nacer en su hijo, en sus entrañas,
y no puede morir
en su cuerpo remoto, inexplorado,
planeta que el astrónomo calcula,
que existe aunque no ha visto.

### *Otras formas de alienación: la mujer como objeto de canje*

Lévi-Strauss ha visto la exogamia y el intercambio de mujeres entre los grupos indígenas como una de las causas fundamentales en la formación de las sociedades humanas.[9] El antropólogo francés ve la prohibición de la endogamia no tanto por el miedo del incesto como de la necesidad para el hombre de poseer *al otro,* lo que está fuera de su grupo inmediato; la mujer fue considerada (y todavía lo es —véase la novela de Unamuno *Nada menos que todo un hombre*) como un objeto, un objeto que se cambia entre hombres como otras posesiones. Uno de los impulsos mayores del movimiento feminista ha sido la lucha contra la reificación de la mujer. Esta alienación tiene que ver no sólo con las estructuras de la sociedad, sino también con los impulsos instintivos masculinos que tienden a enfocarse en la mujer como objeto; las estructuras sociales sin duda reflejan las actitudes sexuales.

En muchos de los poemas de Castellanos, la reifica-

[9] *Les Structures élémentaires de la parenté,* citado en Simone de Beauvoir, *The Second Sex* (Nueva York: Vintage Books, 1974), p. 80.

ción de la mujer, el empleo de la mujer como objeto del intercambio social, es condenada implícita o explícitamente. Desde la leyenda de Malinche hasta la autobiografía parcial de "Recordatorio", la poeta vuelve al tema. La madre de Malinche, la reina, por un deseo de agradar a su nuevo marido, finge que su hija ha muerto; en realidad Malinche es vendida a la esclavitud, desde la cual será regalada a Hernán Cortés.

> Tal era el llanto y las lamentaciones
> sobre algún cuerpo anónimo; un cadáver
> que no era el mío porque yo, vendida
> a mercaderes, iba como esclava,
> como nadie, al destierro...

"Recordatorio" parece mostrar un ambiente contemporáneo, aunque comunica la idea de la repetición de costumbres primitivas en un *milieu* moderno:

> Obedecí, señores, las consignas.
>
> Hice la reverencia de la entrada,
> bailé los bailes de la adolescente
> y me senté a aguardar el arribo del príncipe.
>
> Se me acercaron unos con ese gesto astuto
> y suficiente, del chalán de feria;
> otros me sopesaron
> para fijar el monto de mi dote
> y alguien se fio del tacto de sus dedos
> y así saber la urdimbre de mi entraña.

Hubo un intermediario entre mi cuerpo y yo,
un intérprete —Adán, que me dio el nombre
de mujer, que hoy ostento—
trazando en el espacio la figura
de un delta bifurcándose.

Ah, destino, destino.

He pagado el tributo de mi especie
pues di a la tierra, al mundo, esa criatura
en que se glorifica y se sustenta.

Es tiempo de acercarse a las orillas,
de volver a los patios interiores,
de apagar las antorchas
porque ya la tarea ha sido terminada.

Sin embargo, yo aún permanezco en mi sitio.

Señores, ¿no olvidasteis
dictar la orden de que me retire?

La palabra "señores" del primer verso subraya el patriarcado bajo el cual vive la hablante en la sociedad mexicana, *le nom-du-père* de Lacan, quien hace un juego con las palabras francesas *nom* (nombre) y *non* (no, negación). En este monólogo dramático, tanto la hablante como la época quedan ambiguas. La época podría ser precolombina o la perspectiva puede ser contemporánea con alusiones figurativas o metafóricas a las prácticas primitivas. Los versos 2-4 sugieren cómo la joven aprende tempranamente su "lugar" en la sociedad, cómo tiene que conformarse a los ritos y debe esperar pasivamente la llegada del hombre, del cónyuge anticipado. El proceso de la reificación se acentúa grotescamente con las alusiones al chalaneo: "otros me sopesaron" —al compararse con un animal puesto a la venta. "Hubo un intermediario entre mi cuerpo y yo" afirma la hablante en la cuarta estrofa. La alusión es a las estructuras androcéntricas que se iniciaron, en nuestra herencia cultural, en el libro del Génesis, en que Adán fue creado el primero, y por eso, el ser privilegiado. La hablante no es un sujeto libre; fue creada y nombrada —otorgada su identidad— por el Dios masculino y por el hombre, el otro. La "delta bifurcándose", la función del parto que le asignó el Dios patriarcal, conduce a la asociación implícita con el destino (en la frase célebre de Freud), y la reflexión irónica de "Ah, destino, destino". Lo que la hablante no dice, lo que deja en el silencio de los espacios entre las líneas y las estrofas, son sus pensamientos más íntimos sobre la famosa ecuación ("la biología es el destino"), los pensamientos que sólo podemos adivinar. ¿Es la mujer tan libre como el hombre para hacer su propio futuro y destino, o estará siempre sujeta a la maldición de la expulsión del paraíso? Pero ella ha "pagado su tributo", ha realizado ese destino; ha hecho el sacrificio o la apoteosis del parto. Ahora espera más órdenes del *nom-du-père,* quien se ha olvidado, aparentemente, de ella cuando ha cumplido su misión. Ella se queda, en términos existencialistas, náufraga, a la deriva, quizás *de trop.*

La marginación de "Agonía fuera del muro" se relaciona otra vez con la división sexual de la sociedad; pero aquí la hablante mira con asombro, sin comprender, al animal macho depredatorio, sin orgullo, que "sonríe" y "entorna levemente los párpados" cuando comete actos atroces y egoístas. Si la opinión de algunos hombres es que la mujer no es del todo "humana", tenemos aquí una inversión de la perspectiva: es la mujer, la hablante, la que mira sin creer las acciones de los hombres, como si fuera "de alguna orilla, de otra parte".[10] El hombre es una especie enigmática y diferente. Él "hace" el mundo; el hombre suda, cohabita, miente, roba. Lo persiguen una ceguera y un hambre "más dura que metales". Los mitos de la mujer "pasiva" y el hombre "activo" fueron creados por la división del trabajo, histórica y prehistórica, y la necesidad, ya anticuada, de pasar gran parte de su vida en el parto y la crianza de los hijos. Pero Castellanos ve este *double standard* desde las honduras de su psique; percibe en el macho una diferencia fundamental, una necesidad furiosa de la acción y la rapacidad, que puede ser motivada inconscientemente (y Castellanos no lo dice) por la envidia

[10] "La impresión que tiene el hombre de que no somos verdaderamente humanas se produce en su infancia. Repercute, sin embargo, en el ambiente de nuestra propia infancia: esto es lo que esencialmente amortigua nuestra sorpresa, suaviza nuestra indignación, cuando lo encontramos. Nuestra propia reacción defensiva —que son los hombres los que no son verdaderamente humanos...— viene más tarde y es mucho menos primitiva." Dorothy Dinnerstein, *The Mermaid and the Minotaur: Sexual Arrangements and Human Malaise* (Nueva York: Harper and Row, 1976), pp. 91, 93.

de la matriz, por la convicción inconsciente del hombre de que no puede crear la vida como lo hace la mujer, y la tendencia resultante de sobrecompensar esta falta en la actividad externa.[11] En éste, uno de sus poemas más amargos y "feministas", Castellanos se admira de la falta de sensibilidad del hombre y de su propia incapacidad para reaccionar positivamente, la muerte lenta de la que es testigo la hablante.[12]

[11] Sobre la envidia de la mujer que demuestra el hombre, véase "The Flight from Womanhood" en Horney, *Feminine Psychology,* Harold Kelman, comp. (Nueva York: W. W. Norton, 1967), pp. 54-70. "¿En los hombres, no es la enorme fuerza del impulso hacia el trabajo creador en todos los campos precisamente debida a sus sentimientos de hacer un papel relativamente pequeño en la creación de los seres humanos, lo que los impele de continuo a la sobrecompensación (*overcompensation*) en sus logros?" (p. 61).

[12] Conviene, pues, preguntar, ¿cuál es la meta del feminismo? ¿Se trata de persuadir a las mujeres de que imiten al macho competitivo y depredador? Su participación en los negocios, la educación y el gobierno, ¿inyectará en estos campos la compasión femenina, o es que ellas resultarán más "masculinas"? Theodor Adorno, al comentar las ideas al respecto de Thorstein Veblen, escribe lo siguiente: "La esperanza no puede apuntar a hacer el carácter social mutilado de las mujeres idéntico al carácter social mutilado de los hombres; su meta debe ser más bien un estado en que la cara de la mujer sufrida desaparezca simultáneamente con la del hombre bullicioso y capaz, un estado en que todo lo que sobreviva de la vergüenza de la diferencia entre los sexos sea la felicidad que esa diferencia hace posible." Adorno. *Prisms* (Cambridge, Mass.: The MIT Press, 1981), p. 82.

## *El deseo*

> El deseo persiste como un efecto de la ausencia primordial y por eso indica que en esta área hay algo fundamentalmente imposible en la satisfacción misma. Es este proceso que, para Lacan, se halla detrás de las palabras de Freud: "Hay que reconocer la posibilidad de que existe algo en la naturaleza del impulso sexual mismo que es desfavorable a la realización de la satisfacción completa."
>
> JULIET MITCHELL, *Feminine Sexuality*, página 6.

En el lenguaje notablemente franco de "Pequeña crónica", "Ninfomanía" y "Kinsey Report" percibimos un mundo del deseo de la mujer que nunca se realiza, que queda frustrado a fin de cuentas. Freud y Lacan, desde luego, no limitan este concepto del deseo a la mujer; es en la naturaleza misma del impulso sexual cuando entre la demanda, el deseo y el objeto hay un vacío que nunca se cruza o se llena.[13] La "ausencia primordial", en el pensamiento lacaniano, es la de la separación inicial del cuerpo de la madre. Al entrar en el orden simbólico, el sujeto es separado tanto de la madre como de "lo real", el inconsciente indefinible.[14]

[13] Véase Juliet Mitchell y Jacqueline Rose, comps., *Feminine Sexuality: Jacques Lacan and the École freudienne* (Nueva York: W. W. Norton, 1982), p. 25.

[14] Véase Jacques Lacan, *The Four Fundamental Concepts of*

En "Pequeña crónica" la yuxtaposición de la sangre del suicida con el catálogo de los "humores" del acto sexual sugiere la necesidad del deseo junto con su falta, su ausencia. De un modo parecido, las varias vidas insatisfechas de "Kinsey Report" revelan el mal funcionamiento de las relaciones sexuales dentro de una sociedad dada, pero también sugieren el atolladero final del deseo mismo, observado, claro, desde el punto de vista femenino. Sobre todo en "Ninfomanía", aparecen varios niveles metafóricos del deseo no satisfecho:

> Te tuve entre mis manos:
> la humanidad entera en una nuez.
>
> ¡Qué cáscara tan dura y tan rugosa!
>
> Y, adentro, el simulacro
> de los dos hemisferios cerebrales
> que, obviamente, no aspiran a operar
> sino a ser devorados, alabados
> por ese sabor neutro, tan insatisfactorio
> que exige, al infinito,
> una vez y otra y otra, que se vuelva a probar.

Este poema se presta bien a las teorías de Umberto Eco y Wolfgang Iser sobre *reader-response* (la teoría de la recepción del lector). Cada lector verá algo diferente; los "dos hemisferios cerebrales" son un sím-

*Psychoanalysis* (Nueva York: W. W. Norton, 1981), cap. 14, "The Partial Drive and its Circuit", y la definición del deseo en la p. 278.

bolo polisémico que sugiere varias interpretaciones. El título mismo parece evocar los genitales masculinos; pero otros signos del poema (el "sabor neutro") señalan la nuez que se menciona en el verso segundo. Y aunque el objeto es sólo un "simulacro" de los hemisferios cerebrales, la hablante podría también referirse al cerebro mismo y a su insaciabilidad, al comparar la actividad mental con el impulso sexual.

La nuez, el cerebro y los testículos se caracterizan por esta división en dos esferas o hemisferios; el deseo del poema puede ser por la comida, el conocimiento o el objeto sexual. En todo caso, el deseo es insaciable, requiere "que se vuelva a probar" "una y otra vez". *"Encore* [el texto de Lacan] exige la repetición de la ejecución fálica, o algo más..."[15] El poema se mueve rápidamente entre estos varios niveles de significado; a veces sugiere el conocimiento (verso primero), luego la nuez o los genitales ("¡Qué cáscara tan dura y tan rugosa!"), después vuelve al cerebro en la tercera estrofa, y concluye con referencias ambiguas al comer o a la actividad sexual. Es un deseo que existe en la fantasía pero que nunca podrá alcanzar el objeto perdido.

### *El estilo: "...para decir lo que hay que decir"*

En el estudio de Jan Mukarovsky sobre la "designación poética",[16] después de extender las categorías de

[15] Gallop, p. 278.

[16] Mukarovsky, *The Word and Verbal Art* (New Haven: Yale Univ. Press, 1977), cap. 2, "Two Studies of Poetic Designation".

Bühler sobre las funciones del lenguaje (lo representativo, lo expresivo y lo apelativo) para incluir lo estético, que pertenece sólo al lenguaje poético, concluye el pensador checo que la poesía simbólica y figurativa, que alcanzó su expresión máxima durante los años veinte, será remplazada por un lenguaje más directo y menos figurativo: "Después de un periodo en que se acentuaban las imágenes, puede seguir otro periodo en que se subraye el significado literal, no para transformar un extremo en el otro, sino para llegar a una síntesis por medio de la contradicción." [17] Así Mukarovsky anticipó esas tendencias que descartan mayormente la metáfora y el símbolo, para alcanzar una comunicación directa (la antipoesía, el realismo poético, lo coloquial), una tendencia que se puede discernir ya en la obra de William Carlos Williams, durante las décadas de los veinte y los treinta, y en "antipoetas" como Nicanor Parra en Chile, Gloria Fuertes en España y Efraín Huerta en México. En México Salvador Novo, quien pertenecía a una generación anterior a Castellanos, y el contemporáneo de ella Jaime Sabines también han empleado, en ocasiones, un estilo coloquial e irónico. Mukarovsky vio la necesidad de este lenguaje directo en la poesía, y entendió los riesgos involucrados en su creación: "Hoy el riesgo, el riesgo necesario, de la poesía consiste mucho menos en encontrar una imagen nueva —porque estas sendas ya se han pisado y son enteramente accesibles al epígono— que en alcanzar una

[17] Mukarovsky, p. 79.

designación poética de cualquier clase que tenga una relación convincente con la realidad designada." [18]

El lenguaje estético —el de la poesía— implica la creación intencional de una obra que encarna cierta estructura y unidad, y que nos comunica una emoción. Esta poesía reciente no necesita de los ornamentos de la rima, la métrica o la imagen o metáfora para crear su efecto, para conmover al lector. La transacción estética se logra a veces por lo que Shklovsky denomina "la desfamiliarización", o el uso del lenguaje ordinario en un modo no acostumbrado.[19] Esta tendencia se presenta en los poetas españoles contemporáneos como Ángel González y Claudio Rodríguez; González, en un poema, compara la esperanza con una araña, y Rodríguez, en otro, comienza hablando de su "camisa puesta a secar" y termina por hablar de su alma.[20] En la poesía de Rosario Castellanos, la desfamiliarización consiste no tanto en la yuxtaposición de imágenes y motivos no acostumbrados (como sucede en González y Rodríguez) como en la ruptura con las expectativas de cómo una mujer mexicana "debe escribir" —con emociones desbordantes e imágenes sensuales (por ejemplo, en la obra de Guadalupe Amor), y ciertamente no con la aparición súbita de realidades sexuales en la página blanca:

[18] Mukarovsky, p. 80.

[19] Víctor Shklovsky en Lee T. Lemon y Marion J. Reis, comps., *Russian Formalist Criticism* (Lincoln: Univ. of Nebraska Press, 1965), p. 13.

[20] Véase Andrew Debicki, *Poetry of Discovery* (Univ. Press of Kentucky, 1982), caps. 3 y 4.

Hubo, quizá, también otros humores:
el sudor del trabajo, el del placer,
la secreción verdosa de la cólera,
semen, saliva, lágrimas.

De "Pequeña crónica"

O en "Kinsey Report", un poema que utiliza descripciones "clínicas" de las actividades sexuales de mujeres de varios estratos sociales; una mujer casada de la clase media explica algunas de sus objeciones al acto sexual:

Además, me preocupa otro embarazo.
Y esos jadeos fuertes y el chirrido
de los resortes de la cama pueden
despertar a los niños...

Pero aún más que estas confrontaciones francas con los asuntos sexuales, Castellanos, como veremos, "desfamiliariza" el lenguaje poético mismo al rechazar las normas heredadas de tal lenguaje, las normas forjadas en una tradición casi exclusivamente masculina.

Podemos vislumbrar en la evolución de la poesía de Castellanos un movimiento que se aparta de lo metafórico y de lo poético tradicional y que se aproxima al enunciado directo y sin adorno, un lenguaje original que, sin embargo, comunica una emoción al lector. En sus últimos poemas, nos habla en un lenguaje coloquial que imita el habla natural y también le supera, al emplear una ironía que disfraza la rebeldía en contra de las esclavitudes e hipocresías de la sociedad. La metáfora no está enteramente ausente de estos poemas, pero está suavizada, en el fondo, apenas visible. Su habla directa, que seguramente escandalizó a algunos lectores con su franqueza, puede verse como parte de un esfuerzo general de escritoras del Occidente de librarse de los impedimentos de un lenguaje durante mucho tiempo dominado por los hombres, un lenguaje "fálico" que continúa las tradiciones del simbolismo (por ejemplo, en la poesía de Octavio Paz). En estos poemas de su último periodo (como "Válium 10", "Pequeña crónica", "Kinsey Report" y "Economía doméstica") su estilo se caracteriza por el lenguaje directo de la conversación; una tonalidad que se cambia con cada poema (ironía, sarcasmo, compasión, añoranza); el monólogo dramático y el cambio frecuente de *persona* o hablante lírico; y, en cuanto a la forma, el verso libre y el ritmo natural de la respiración. Aunque la metáfora es rara, a veces su presencia es la clave de la estructura del poema. Por ejemplo, en "Economía doméstica" el orden impecable de la casa es el correlato objetivo de todo lo contrario, las cosas intangibles que se perdieron o se olvidaron, un dolor, una nostalgia, un ansia, "y retazos de tiempo perdido en cualquier parte. . ." Así también en "Válium 10" hay dos cuasimetáforas que ilustran el tema del poema: el "crucigrama irresoluble" que representa un orden cósmico perdido: y la pastilla que crea, devuelve o contiene (ilusoriamente) aquel orden.

La poesía temprana de Castellanos (aproximadamente de 1948 a 1959) puede caracterizarse como "femenina" con las connotaciones tradicionales del sentimiento desbordante, el subjetivismo y una absorción narcisista en sí misma, como también, tocante al estilo, una retórica tradicionalmente "poética" en su sonoridad y su búsqueda de la metáfora deslumbrante. Tomemos como ejemplo los primeros y los últimos tres versos de "En el filo del gozo" (1948), el cual es sin duda un poema logrado, aunque distante de lo que iba a ser su última manera:

> Entre la muerte y yo he erigido tu cuerpo:
> que estrelle en ti sus olas funestas sin tocarme
> y resbale en espuma deshecha y humillada.
> . . . . .
> Y, amor, cuando regresas
> el ánimo turbado te presiente
> como los ciervos jóvenes la vecindad del agua.

En 1959, con *Al pie de la letra,* Castellanos empieza a descubrir su voz de mujer que se libera tanto de los modelos masculinos (el simbolismo, el surrealismo) como del estilo subjetivo que se asocia con la mayoría de las poetas latinoamericanas (con la excepción, desde luego, de la argentina Alfonsina Storni). Castellanos trastorna la retórica "masculina" con poemas como "Dos meditaciones":

> Hombrecito, ¿qué quieres hacer con tu cabeza?
> ¿Atar al mundo, al loco, loco y furioso mundo?
> ¿Castrar al potro Dios?...

(*Hombrecito* recuerda *el hombre pequeñito* de Storni, una agresión feminista contra lo masculino.) La visión del mundo ordenada, masculina y fálica, es aquí retada por la visión implícitamente femenina, intuitiva e inconsciente de la mujer, pero sin sentimentalismo o retórica. Castellanos "desconstruye" el orden simbólico masculino: "Aunque funcionando necesariamente dentro del discurso 'masculino', la escritura de la mujer trabajaría sin cesar por desconstruirlo; escribir lo que no puede ser escrito." [21] Más tarde, con *Lívida luz* (1960) y las colecciones incluidas en *Poesía no eres tú* (1972), Castellanos logrará un estilo a la vez duro y humorístico, irónico, tenaz y antisentimental. "Del mismo modo, el momento del deseo (el momento cuando la escritora se instala en su propia escritura) se hace un rechazo del dominio [es decir, de lograr el dominio 'masculino' del estilo], una elección de la apertura y la posibilidad, lo que por sí mismo puede hacer de la escritura femenina un reto a las estructuras literarias, las cuales necesariamente tiene que ocupar." [22] En sus últimos libros, Castellanos efectivamente "se instala en su escritura", y "reta a las estructuras literarias". Hablando de su estilo maduro, en el cual "empieza a reconocer su propia voz", Castellanos comenta, con su acostumbrada autodenigración:

> Muchas de ellas [las palabras de sus últimos poemas] son vulgares, groseras. ¿Qué le voy a hacer? Son las que sirven para decir lo que hay que decir. Nada importante ni trascendente. Algunos atisbos de la estructura del

[21] Mary Jacobus, comp., *Women Writing and Writing About Women* (Londres: Croom Helm, 1979), p. 13.

[22] Jacobus, p. 16.

mundo, el señalamiento de algunas coordenadas para situarme en él, la mecánica de mis relaciones con los otros seres. Lo que no es ni sublime ni trágico. Si acaso, un poco ridículo.

De *Mujer que sabe latín...*, p. 207

## *El monólogo dramático*

El monólogo dramático en la poesía puede definirse como una voz en primera persona que poco a poco desarrolla la historia, las anécdotas y el carácter del hablante, el cual asume una existencia generalmente independiente de la de su autor. Se encuentra en la literatura medieval, y su realización más perfecta en inglés la hallamos en Robert Browning. El monólogo implica por lo común un oyente, un destinatario; el hablante del monólogo parece estar atento a las reacciones del oyente, y un diálogo implícito, inarticulado, generalmente ocurre. "A pesar de sus limitaciones a un solo hablante, el monólogo naturalmente asume un carácter dramático. Porque la vocalización en sí misma desea un objeto —una o varias personas que constituyen un auditorio. Así tanto el auditorio como el hablante se hacen parte de un área total de la imaginación." [23] En esto el monólogo difiere del poema lírico en primera persona en que no se dirige, necesariamente, a un destinatario, y en que no procura desarrollar un retrato redondeado del hablante.

[23] Alex Preminger, comp., *Princeton Encyclopedia of Poetry and Poetics* (Princeton Univ. Press, 1974), p. 529.

El poema en primera persona que tiende hacia el monólogo dramático aparece tempranamente en la poesía de Rosario Castellanos. El lenguaje ricamente metafórico de "Trayectoria del polvo", en un estilo que la autora más tarde rechazará, cuenta una historia larga y difusa de una adolescencia frustrada:

> Recuerdo: caminaba por largos corredores
> desbordantes de palmas y de espejos.
> Yo, sedienta de mí, me detenía en estatuas
> duplicando el instante fugitivo en cristales
> y luego reiniciaba mi marcha de Narciso
> ya entonces como alada
> liberación de imagen entre imágenes...

Este estilo, que no ha logrado la plenitud del monólogo dramático que ella descubrirá más tarde, se continúa en "En el filo del gozo" (1950) y "De la vigilia estéril". Estos poemas, aunque en primera persona, están inmersos en un lirismo subjetivo que no se cuaja en el retrato. Se desarrolla más en los *Dos poemas* de 1950, en que la autora aparece como personaje del poema, un ejemplo de la duplicación interior:

> Yo no tendré vergüenza de estas manos vacías
> ni de esta celda hermética que se llama Rosario.
> En los labios de viento he de llamarme
> árbol de muchos pájaros.

El primer monólogo dramático auténtico de Castellanos fue la "Lamentación de Dido" (1957). Esta obra larga y ambiciosa fue inspirada, como la autora misma dice,[24] por Virgilio en cuanto al contenido, y por St. John Perse respecto a la forma. Tomó del poeta francés el versículo, el verso bíblico empleado por Whitman, y un lenguaje y tonalidad míticos. La historia de Dido y Eneas viene del libro IV de la *Eneida,* pero Castellanos también empleó como fuente las *Heroidas* de Ovidio.[25] La figura de Dido es probablemente la creación literaria más grande de la literatura romana, y es significativo que la heroína fuese mujer y miembro de una nación vencida que había sido el enemigo tradicional de Roma. Castellanos adaptó los detalles de esta leyenda para los propósitos de su poema, desde las alusiones iniciales al asesinato del marido de Dido (por el hermano de ella) en Fenicia, al viaje por el Mediterráneo a las costas de África, su encuentro con Eneas, su amor y su abandono de ella (impulsado por los dioses para realizar la profecía de la fundación de Roma) y su acto final de inmolación.

De estas varias fuentes, Castellanos ha forjado una manifestación poderosa sobre el sufrimiento, el abandono y la soledad de la mujer; el tema trasciende su contexto legendario y seudohistórico para universalizarse como una expresión de la subordinación de la mujer a las actividades y egoísmo del hombre. Dido

[24] *Mujer que sabe latín...*, p. 207.

[25] Véase las *Heroidas* de Ovidio, la Carta VII, en que se cuentan los hechos de la vida temprana de Dido. Le debo esta información a la profesora Margarita Peña, de la UNAM.

se hace el símbolo perenne de la mujer oprimida y abandonada:

> Y cada primavera, cuando el árbol retoña,
> es mi espíritu, no el viento sin historia, es mi espíritu
> el que estremece y el que hace cantar su follaje.
>
> Y para renacer, año con año,
> escojo entre los apóstrofes que me coronan [...]
> éste, que me da cierto párentesco con las playas:
> Dido, la abandonada, la que puso su corazón bajo el
> hachazo de un adiós tremendo...

La hablante del poema, el símbolo y la leyenda que era Dido, fue escogida por el espíritu universal de la mujer para representarlo: entre la autora y la hablante podemos discernir este espíritu universal, que media entre ellas y aumenta la distancia estética. Dido describe su educación de princesa, su ascenso al poder, las destrezas humildes que le enseñó su madre, y el desastre que significó Eneas arrojado por el mar. A través del poema encontramos el motivo de la mujer abandonada:

> —La mujer es la que permanece; rama de sauce que
> llora en las orillas de los ríos.

Es así que la postura e ideología feminista encuentran su avatar en la leyenda de Dido. Esta leyenda y la versión de Castellanos, que subraya la subordinación y el vencimiento de la mujer, pueden verse en el contexto del cambio de poder desde las sociedades matriarcales a las patriarcales. Se ha conjeturado que en los tiempos prehelénicos y prebíblicos los dioses principales eran personajes femeninos, la *magna mater* de la mitología; el invisible dios masculino y judaico suplantó y suprimió a la diosa, mientras que la sociedad se hizo arrolladoramente patriarcal.[26]

Freud, en su *Moisés y el monoteísmo,* ve el movimiento del dios o diosa sensuales al dios invisible como un "avance en el intelectualismo", pero Jonathan Culler, en una obra reciente, sugiere que el movimiento de lo visible a lo invisible puede ser un resultado de la transformación del matriarcado, en que la descendencia biológica es conocida, visible, al patriarcado, en el cual es invisible (el parentesco paterno no puede verse, es difícil de probar).[27] Astarte fue la diosa principal del panteón semítico occidental y la deidad más importante de Sidón, o sea, Fenicia;[28] y la figura de Dido puede vislumbrarse como representativa de la religión matriarcal. La historia de Dido y la versión de Castellanos en que el punto de vista es el de la mujer pueden interpretarse como una alegoría del desplazamiento del poder de la dio-

[26] Véase Erich Neumann, *The Great Mother: An Analysis of the Archetype* (Princeton Univ. Press, 1974), y Andrew M. Greely, *The Mary Myth: on the Femininity of God* (Nueva York: Seabury Press, 1977).

[27] Véase Jonathan Culler, *On Deconstruction: Theory and Criticism after Structuralism* (Ithaca: Cornell Univ. Press, 1982) p. 59.

[28] "Astarte", *New Encyclopedia Britannica: Micropaedia,* 1977.

sa al dios, de Astarte al Júpiter romano o el Jehová judaico, y la transformación de la sociedad que acompañó este cambio. Dido, que "permanece; rama de sauce que llora en las orillas de los ríos", es un emblema y recuerdo de este desplazamiento.[29]

La hablante de "Monólogo de la extranjera" es una mujer que dejó una tierra por otra, que se siente alienada, una extranjera, en su casa, su patria, y siente las cicatrices de la injusticia y de la esclavitud en las dos regiones. Como Dido, es mitificada, más grande que la vida, pero no se sitúa en la mitología clásica sino en el aquí y ahora, en un ambiente que parece ser el de Indoamérica, con sus conflictos raciales y sus recuerdos de la esclavitud. La hablante lírica sobrevivió a una niñez difícil en que durmió "bajo el arrullo ronco / de una paloma negra: una raza vencida". Se alude seguramente a los indios mayas de su Chiapas nativo. La hablante ha probado la fama y el poder; ha sido envidiada por otros, pero se siente como una espina en la costilla de sus contemporáneos, como un perro que ofende con "...su ladrido inoportuno, en medio / del rito y la importante ceremonia". Parece tener poderes mágicos, porque ella fermenta "un aliento salino de aventura".

[29] "En varias ocasiones Rosario Castellanos ha dicho que su poesía no es autobiográfica, pero sí confesó hablando de 'Lamentación de Dido' que con este poema quería 'rescatar una experiencia... a través de una imagen dada en lo eterno, en la tradición'." La cita es de Emanuel Carballo, *Diecinueve protagonistas de la literatura mexicana,* p. 416.

La hablante de este monólogo a la vez es y no es Rosario Castellanos. No pensaba en sí misma cuando lo escribió; más bien en un personaje mítico, casi un chamán, que tiene alguna relación con la autora. "En el momento de hacerlo", escribe Castellanos,

> no fui consciente de eso, creía que estaba contando la historia de otra mujer y al terminar me di cuenta de que estaba hablando de mí, de que era mi historia, que la había otra vez transfigurado y usado en forma oblicua de referencia que es lo que pone distancia entre el objeto y la expresión... quizá es la distancia estética.[30]

Al referirse a este poema y otros de *Al pie de la letra*, también escribió que "Entre tantos ecos empiezo a reconocer el de mi propia voz... Tres hilos para seguir: el humor, la meditación grave, el contacto con la raíz carnal e histórica".[31] Así, la figura mítica de Dido, tan lejana estéticamente de la autora, está transformada, unos años después, en esta "extranjera", una nativa de su propio país, con orígenes y raíces similares, un *alter ego*. El estilo también está transformado, desde el modo metafórico y mítico de "Dido" al humor, la sencillez y la meditación: "La juventud, / aunque grave, no fue mortal del todo." Las preocupaciones sociales y su ira por la injusticia se agudizan, y su estilo evoluciona hacia el carácter coloquial de

[30] De una entrevista con Margarita García Flores, "La lucidez como forma de vida". *La Onda*, suplemento de *Novedades* (México), 18 de agosto, 1974. Citado en Ahern y Seale Vásquez, p. 28.

[31] *Mujer que sabe latín...*, p. 207.

"Kinsey Report" y "Autorretrato". La hablante lírica del "Monólogo" logra balancearse entre la ficción y la autobiografía, y el lector nunca está seguro de dónde debe situarse la voz poética.

En "Testamento de Hécuba" (de *Materia memorable,* 1969) Castellanos vuelve al estilo mítico de "Dido", y escoge para la hablante de su poema la figura trágica de las leyendas de Troya. Si Dido era la amante abandonada, Hécuba es la figura maternal arquetípica, fuerte, dedicada y obediente a la autoridad masculina, consciente de su papel de procreadora de la raza:

> Y para que su nombre no acabara
> al acabar su cuerpo,
> tuvo hijos en mí valientes, laboriosos,
> tuvo hijas de virtud,
> desposadas con yernos aceptables
> (excepto una, virgen, que se guardó a sí misma
> tal vez como la ofrenda para un dios).

Cuando cayó el rayo —los griegos y la guerra— ella acepta el vencimiento, la esclavitud y la humillación con dignidad y resignación: "...reina que pasó a esclava / sin que su dignidad de reina padeciera..." Como la madre lorquiana de *Bodas de sangre* (también una figura arquetípica), Hécuba atestigua y acepta con desesperanza resignada la muerte de su marido y sus hijos; sola y afligida, poco a poco consiente "que se cumplan en mí los últimos misterios". Tanto en el drama de Lorca como en el poema de Castellanos, la madre se sitúa en el centro de la vida humana y el sufrimiento, y es ella, y no las figuras heroicas masculinas, la que recibe el peso de la tragedia. Opuesta a la madre arquetípica es la hija desposeída de "Malinche" (de *En la tierra de en medio,* 1972), la princesa india, histórica y legendaria, regalada a Cortés e indispensable en su conquista de México. A diferencia de los dos monólogos previos que tratan de figuras femeninas legendarias, éste no resume y universaliza la vida de la hablante, sino que presenta sólo un momento, el momento inicial del desposeimiento de su historia.

Aunque pertenecen a colecciones distintas, tanto "Kinsey Report" como "Autorretrato" aparecieron en el mismo volumen, *Poesía no eres tú* (1972). Los dos poemas están escritos en el estilo maduro, directo y coloquial de la poeta. "Kinsey Report" es un monólogo dramático satírico en que hay varias *personae*: la casada de clase media, la secretaria (soltera y poco inhibida), la divorciada, la beata, la lesbiana y la señorita. Se incluyen casi todos los estratos de la mujer mexicana, excepto las clases más pobres, criadas, obreras y campesinas. Cada una de estas *personae* es débil y tiene una vida sexual insatisfactoria, excepto la lesbiana, que parece contenta en su relación con la otra, pero antagonista hacia el resto de la sociedad. Cada una de estas mujeres puede verse como víctima de las costumbres sexuales y culturales opresivas: la casada aprendió desde la niñez que el sexo es "indecente" y sólo sugiere la posibilidad del orgasmo y el gozo: "No, no me gusta nada. / De cualquier modo no debería de gustarme / porque yo soy decente ¡y él es tan material!" La secretaria ha resuelto su problema al salir con muchos hombres a quienes declara despreciar: pero está motivada más por el temor a la soledad que por el deseo del sexo. Vislumbramos la abstinencia imperfecta de la beata, su deseo que irrumpe en los sueños. La señorita es quizá la figura simbólica más universal de esta galería de la mujer latinoamericana; es la mujer cuyo papel en la vida parece consistir en la espera: de un novio, un marido; esperando en la casa la vuelta del marido, que trabaja; esperando la llegada de los hijos. Sobre todo, la que espera a su príncipe: las idealizaciones de los cuentos de hadas (la Cenicienta, la Bella Durmiente, Blancanieves), de la virgen para quien la llegada de su compañero perfecto resolverá todos sus problemas. Sabemos que cuando ella dice "mañana", su príncipe no llegará nunca; sin embargo, ella se casará y su vida repetirá los desagrados y las angustias de la hablante primera. La sociedad tiene la culpa, pero también la tiene la docilidad de las mujeres que aceptan los dictados del *nom-du-père*; lo que hace falta es la transformación, tanto de la sociedad como de la percepción que tiene la mujer de sí misma: "Otro modo de ser humano y libre."

## *Autorretrato*

"Autorretrato" es evidentemente el más autobiográfico de los monólogos dramáticos de Castellanos. No hay un solo detalle que no corresponda a los hechos de su vida; estaba casada, tenía un hijo (Gabriel); enseñó en la universidad (la UNAM y otras), escribió poemas y ensayos, hasta el detalle de vivir frente al Bosque (Chapultepec). Entre los que sostienen que el hablante de un poema es siempre una creación ficticia del autor (M. C. Beardsley, *Aesthetics* y G. T. Wright, *The Poet in the Poem*), y los que, como W. J. Ong (*The Barbarian Within*) afirman que cada poema es un "grito" dirigido por una persona real a un lector real, hay una posición media expuesta por Félix Martínez-Bonati, quien evita y resuelve esta oposición al sugerir que el lector *se hace* el hablante:

> De modo semejante, el lector, o el que escucha la poesía lírica, puede habitar sin reservas la dimensión expresiva del poema —es decir, poseer las palabras no sólo en su dimensión representativa o solamente como oyente imaginario, sino también, y esencialmente, *como hablante* (la dimensión predominante de la poesía lírica)— a causa de la existencia imaginaria del poema, porque no consiste en un discurso real del poeta.[32]

Un poema logrado es siempre revivido por el lector apreciativo, quien ve los sucesos, siente las emociones, desde el punto de vista de la *persona* del poema; por eso, en última instancia, es inútil discutir sobre la autonomía del hablante. Sin embargo, seguramente en

[32] Félix Martínez-Bonati, *Fictive Discourse and the Structures of Literature* (Ithaca: Cornell Univ. Press, 1981), p. 96. Traducido, en parte, de *La estructura de la obra literaria* (Madrid: Seix-Barral, 1972). No he podido encontrar este párrafo en la edición Seix-Barral.

este caso, hay una identificación cercana entre el personaje que habla y la autora; se trata de "la primera voz de la poesía", de T. S. Eliot, en la que el poeta habla en su propia persona —"a sí mismo... o al dirigirse a un público real".[33] En otros de sus monólogos dramáticos, como "Válium 10", hay una creación consciente de una *persona,* ya que varios de los detalles no corresponden a su vida. Pero veremos que en "Autorretrato" esta identificación es también ilusoria.

El primer verso, con su "Yo soy una señora", está repleto de ironía. La hablante "luce su trofeo" y añade que es "más útil / para alternar con los demás que un título / extendido a mi nombre en cualquier academia". Simone de Beauvoir ha demostrado cómo nuestras sociedades ponen al matrimonio en la cumbre de las ambiciones de una joven:

> El matrimonio no es sólo una carrera honrada que cansa menos que muchas otras: sólo el matrimonio permite que una mujer conserve su dignidad social intacta y a la vez le permite encontrar la satisfacción sexual de amada y madre... hay acuerdo unánime en que el conseguir un marido... es para ella la más importante de sus empresas. En sus ojos el hombre encarna al Otro, como lo es ella para el hombre; pero este *Otro,* y respecto a él, ella se ve a sí misma como lo inesencial. Ella se librará de su casa familiar, del poder de su madre, abrirá su futuro, no por medio de la conquista activa

[33] Preminger, p. 960.

sino al entregarse, pasiva y dócil, en las manos de un amo nuevo.[34]

Dentro del patriarcado, el Nombre-del-Padre, ella se entrega de una autoridad masculina a otra; tiene poca elección personal, por lo menos en la sociedad latinoamericana, donde la soltera, la no-madre, no importa los talentos que tenga, siempre estará marginada, no respetada por la sociedad que ha definido claramente el papel de la mujer, y no permite la desviación. Además, la frase "tratamiento / arduo de conseguir, en mi caso..." es enigmática e implica las dificultades que una mujer intelectual y ambiciosa tendrá en encontrar un marido adecuado en la sociedad mexicana. Dice que es "...más o menos fea. Eso depende mucho / de la mano que aplica el maquillaje". Y "Soy mediocre". Todo esto apunta a la belleza física como el *desideratum* principal para una mujer de su cultura. Castellanos, por medio de su hablante, es profundamente consciente del dilema que encuentra una mujer creadora que desea conservar su autonomía y autenticidad, pero a la vez necesita atraer al hombre y conformarse a las expectativas de su sociedad.[35]

[34] De Beauvoir, *The Second Sex*, p. 368.

[35] Respecto al asunto de su apariencia física, la alusión a Weininger en la quinta estrofa requiere alguna explicación. Weininger, un escritor alemán de comienzos de este siglo sobre el sexo y la psicología, causó un pequeño escándalo con sus ideas sobre la supuesta inferioridad de la mujer y la distribución de características sexuales entre los varones y las hembras. Creía que la apariencia de las personas de genio sufre "cam-

En los versos siguientes, al hablar de los hombres "...que hablan por teléfono / y envían largas cartas de felicitación", y que "beben lentamente whisky sobre las rocas / y charlan de política y literatura", nos revela otro tipo de alienación: del Otro que es para ella el mundo impenetrable de los hombres y su discurso. Pero, irónicamente, es la misma "mediocridad" de su apariencia la que le permite estas amistades, porque si su aspecto físico hubiera sido más llamativo, las barreras de tipo sexual habrían impedido la existencia de una amistad relajada al nivel intelectual.

Hacia el final del poema se refiere a una felicidad no alcanzable; y adscribe esta situación a su educación, su inserción en el orden simbólico:

> Sería feliz si yo supiera cómo.
> Es decir, si me hubieran enseñado los gestos,
> los parlamentos, las decoraciones.

La hablante (otra vez irónicamente) abdica su autonomía e iniciativa; echa la culpa a la sociedad, a causa de la manera en que ella (y las otras muchachas) fueron educadas para la sumisión y el sufrimiento, en vez de las actividades y logros masculinos. "En

bios increíbles" de una a otra época de sus vidas. Otto Weininger, *Sex and Character* (Londres, Wm. Heinemann, 1912). Es difícil explicar precisamente por qué la escritora decidió aludir a un filósofo olvidado, desacreditado y racista. Quizá representó para ella el colmo del sexismo machista, y desde su punto de vista era necesario denunciarlo, aunque fuera sólo por este gesto irónico.

cambio me enseñaron a llorar." Aunque no llora por las catástrofes o "la ocasión sublime", sino cuando "se quema el arroz" o se pierde el recibo del impuesto.

La protesta femenina de Castellanos es siempre irónica y por eso más eficaz. Porque su papel de mujer está cuidadosamente prescrito por la sociedad, el Nombre-del-Padre, la hablante de este poema (que parece distanciarse cada vez más de la autora) acepta, aunque lamenta suavemente, su destino definido por el orden simbólico. Pero tiene sus maneras de eludir ese destino: aunque sabe llorar, no lo hace en los momentos correctos, señalados.

"La mujer", escribió Simone de Beauvoir, "se nos muestra como tentada por dos modos de alienación. Evidentemente, el jugar a ser hombre será para ella una fuente de frustración; pero el jugar a ser mujer es también delusorio: ser mujer significaría ser el objeto —el *Otro*— y el Otro permanece sujeto en medio de su resignación".[36] Estos dos modos de alienación se hallan en el meollo, en el centro de "Autorretrato". Por una parte, la hablante envidia la libertad y la disponibilidad de sus compañeros masculinos; pero el jugar a ser hombre es inútil. Por otra parte, si ella acepta el papel de la mujer que la sociedad le ha asignado, con todas las inautenticidades y disfraces que acompañan ese papel, se hace objeto, el Otro, al permanecer sujeto. La tristeza por detrás del tono ligero del poema nos habla de esa resignación y de aquel dilema.

Aunque mucha parte de su poesía es feminista, a

[36] *The Second Sex*, p. 52.

fin de cuentas su arte trasciende el feminismo: a través de su obra encontramos la inquietud por todo el sufrimiento humano y una búsqueda de la justicia. Su amigo José Emilio Pacheco es el que mejor ha resumido el significado total de su poesía:

> Una y otra vez su poesía nos recordó que la existencia no es eterna y el sufrimiento no es una molestia accidental sino la condición misma de la vida. Pero lo hizo en un lenguaje de luminosa maestría y la impresión final que nos dan sus poemas no corresponde a la pesadumbre sino al goce ante un trabajo artístico bien realizado.[37]

Universidad de California
Irvine

JULIAN PALLEY

[37] José Emilio Pacheco, prólogo a Castellanos, *El uso de la palabra,* p. 13.

## MEDITACIÓN EN EL UMBRAL

No, no es la solución
tirarse bajo un tren como la Ana de Tolstoi
ni apurar el arsénico de Madame Bovary
ni aguardar en los páramos de Ávila la visita
del ángel con venablo
antes de liarse el manto a la cabeza
y comenzar a actuar.

Ni concluir las leyes geométricas, contando
las vigas de la celda de castigo
como lo hizo Sor Juana. No es la solución
escribir, mientras llegan las visitas,
en la sala de estar de la familia Austen
ni encerrarse en el ático
de alguna residencia de la Nueva Inglaterra
y soñar, con la Biblia de los Dickinson,
debajo de una almohada de soltera.

Debe haber otro modo que no se llame Safo
ni Mesalina ni María Egipciaca
ni Magdalena ni Clemencia Isaura.

Otro modo de ser humano y libre.

Otro modo de ser.

De *Otros poemas,* 1972

# TRAYECTORIA DEL POLVO
[1948]

# TRAYECTORIA DEL POLVO

I

Me desgajé del sol (era la entraña
perpetua de la vida)
y me quedé lo mismo que la nube
suspensa en el vacío.
Como la llama lejos de la brasa,
como cuando se rompe un continente
y se derraman islas innumerables
sobre la superficie renovada del mar
que gime bajo el nombre de archipiélago.
Como el alud que expulsa la montaña
sacudida de ráfagas y voces.

Rodé como el alud, como la piedra
sonámbula de abismos
resbalando por meses y meses en la sombra
del universo opaco que gira en los elipses
trazados en el vientre de espiga de la madre.

Era entonces muy menos
que un río desenvolviéndose
y una flecha montada sobre el arco
pero ya los anuncios de mi sangre
caminaban sin tregua para alcanzar al tiempo

y el vagido inconcreto ya clamaba
por ocupar el viento.

Nací en la hora misma en que nació el pecado
y como él, fui llamada soledad.
Gemelo es nuestro signo y no hay aguas lustrales
capaces de borrar lo que marcaron
los hierros encendidos en mi frente.

Pero mi frente entonces se combaba
huérfana de miradas y reflejos.
Y así me alcé feliz como el que ignora
su inevitable cárcel de ceniza
y cuando yo decía la tierra, era la tierra
desnuda de metáforas, infancia
recién inaugurada.
Y no dudé jamás de que al nombrarla
me nombraba a mí misma
y a mi propia substancia.

Yo no podía aún amar los pájaros
porque cantaban presos y ciegos en mis venas
y porque atravesaban el espacio
contenido debajo de mis párpados.

Yo no sabía quién se levantaba
imantado de estrellas polares hacia el cielo
ni en quién multiplicaban las yemas su promesa
si en el árbol compacto o en mi cuerpo.

Era el tiempo en que Dios estrenaba los verbos
y hacía, como jugando,

figurillas de barro con las manos:
atmósferas azules y planetas
no lesionados por la geografía,
muñecos intangibles para el sueño
que hiende como espada, separando
en varón y mujer las costillas unánimes.

Era el alba sin sexo.
La edad de la inocencia y del misterio.

II

La adolescencia es alta como el junco.
Su perfil se adelgaza
para ser digno de tocar el aire.
Y es un ebrio cristal que intenta transparencias
y es un florecimiento inagotable
de límites geométricos
que dibujan las puntas trémulas de los dedos.

La adolescencia es tensa como el junco.
Su perfil se agudiza
para poder acuchillar el aire.
Es una vocación de búsqueda incesante
hacia la luz más íntima
que se le esquiva siempre como en un laberinto.
El ansia equivocada
que persigue tenaz al espejismo
y el oído engañado por el eco.
Es la dura tarea del que busca,
la dicha sobrehumana del encuentro.

La adolescencia es verde como el junco
y su perfil se tiñe
de todos los colores con que la invita el aire.
La gracia amaneciendo sobre el mundo,
el gozo sin motivo de carne que se palpa
olorosa y reciente.
La alegría de músculos elásticos,
la embriaguez de la sangre
galopando en canciones sobre el tiempo.

La adolescencia es plena de latencias ocultas
y raíz laboriosa como el junco.

III

Recuerdo: caminaba por largos corredores
desbordantes de palmas y de espejos.
Yo, sedienta de mí, me detenía en estatuas
duplicando el instante fugitivo en cristales
y luego reiniciaba mi marcha de Narciso
ya entonces como alada
liberación de imagen entre imágenes.

Novedad de mi cuerpo
que se hallaba a sí mismo en cada cosa
y para poseerse se entregaba
a la solicitud del universo.

Juventud de la luz que nimbaba la tierra
y que brotaba acaso con mis ojos.

Yo estaba circundada por rondas de palabras.
Subían como el humo en el espacio,
diluían su masa, se perdían.
Sólo quedaba —espesa como leche bañándome—
la que anudaba origen y destino:
Mujer, voz radical que hipnotizaba
en la garganta de Eva
y en toda sucesiva
docilidad de miel para los besos.

Mi esencia se vertía exaltada en la órbita,
concéntrica y total de la palabra
y era la musical delicia de la gota
incorporando al mar de canto sin fronteras
su mínimo sonido de caracol vibrando.

## IV

La fiesta cosquillea en los talones.
Vamos todos a ella cantando y sonriendo.
Vamos todos a ella cogidos de la mano
como quien sale al campo a cosechar claveles.

La Ciudad se ha vestido lo mismo que una novia.
Mirad: en cada puerta se ostenta una guirnalda,
de par en par se rinden las ventanas
colmándose del día y su deleite.

La sombra juega al escondite por los patios
escapando del rayo de sol que la persigue.

Venimos a la fiesta cantando y sonriendo,
danzando el pie descalzo sobre céspedes finos.

¿Quién eres tú que traes antifaz de belleza
y te ciñes en túnicas de ritmo y de armonía?
¿El mensaje cifrado de algún ángel
en la pluma del ave
o en el vuelo preñado de la abeja?
¿Eres la Anunciación? —Me llaman Viento,
soy el vehículo de las canciones
y también de las hojas marchitas en otoño.
Mi destino es girar perpetuamente
y no sé responder.

¿Quién eres tú de rostro tremendo y enigmático?
Paralizas los ojos de quienes te contemplan
de estupor y de miedo.
¿Escondes el misterio de un Dios o eres su cólera
que se desencadena al infinito?
—Mi nombre es Mar, mi movimiento es ola
que recomienza siempre.
Nunca salgo de mí. Soy el esclavo
irredimible de mi propia fuerza.

¿Y tú que así te adornas con el iris
y te recorren escalofríos de cascabeles?
Yo quisiera abrazarte pero ignoro quién eres.
—Soy quien pintarrajea la verdad
para volverla amable
y hace que hasta los ídolos se paren de cabeza.
Los niños me bautizan mariposa

y organizan cacerías para prenderme
y cuando creen haberlo conseguido
tienen entre sus dedos
sólo el polen dorado de mis alas.
Algunos hombres dicen que me desprecian
y para denigrarme agrupan letras:
R-i-s-a, B-u-r-l-a, I-r-o-n-í-a.
Pero se arrastran hasta mí en tinieblas
y les doy la mentira de mí misma.
Los viejos me olvidaron y ya no me conocen.
Tú, adivina quién soy, corre y alcánzame.
Adiós, adiós
cantarito de arroz.

Allá, bajo los mirtos, ¿quién es el que reposa?
Las vides se exprimieron en sus mejillas.
De sus cabellos se desprende un hálito
de flores maceradas y lámparas ardiendo.
Tiene la piel jocunda de la manzana,
la breve plenitud del mediodía
y el zumbador encanto de la siesta.
—Su símbolo es eterno: pezuña y caramillo.
En las florestas griegas
se lanzó tras la ninfa destrenzada.
Lo aprisionaron mitos y tabernáculos
y es un demonio cuyo nombre nadie
se atreve a pronunciar porque no quiere
despertarlo en el fondo de sí mismo
pues igual que Sansón enloquecido
derriba las columnas que sostienen los templos.

Su nombre es el rubor de las doncellas
y el martillo en las sienes del mancebo.

¿Y tú que sin cesar cambias de signo,
que te ocultas y asomas,
te velas y revelas en las formas?
¿Eres Proteo? Debes ser divino
para infiltrarte así entre todas las cosas.
—Mírame bien ¿y no me reconoces?
Sin embargo te he sido tan fiel como un espejo
y tan irrenunciable como tu propia sombra.
—Es cierto, yo te vi mil veces antes.
Ahora identifico esas cejas, los dientes,
los hombros y la espalda
tajando en dos mitades infinitas
lo mismo que una lápida.
Eres como nosotros. Anda ven y bailemos.
¡Alegría! ¡Alegría!
¡La Ciudad se desposa con la noche!

## V

¿Qué reptil se afilaba entre la brisa?

¿Qué zumo destilaba la amapola
que el vino se hizo un día de hiel entre mis labios?

¿Cómo fueron mis células ahondándose
para ceder un sitio decoroso a la angustia?

¿Cómo creció esta fiebre de hormigas en mis pulsos?

¿Cómo el recto camino fue curvándose
hasta ser un dedálico recinto?

¿Cómo fue Dios quedándose sordo y mudo y ausente,
irremediablemente atrás como la aurora?

¿Cómo a cualquier extremo al que volviera el rostro
me devolvía el suyo —absoluto— la nada?

El cielo de tan pobre se encontraba desierto
y al principio y al fin del horizonte
se extendía el dominio del silencio.

VI

Aquí me quedaré llorando como el fruto
derribado a pedradas
de la copa del árbol y su sustento.

Ya nunca podré amar ni aun en el sueño
porque una voz insobornable grita
y su grito vacía mis entrañas:
"¡El amor es también polvo y ceniza!"

VII

He aquí que la muerte tarda como el olvido.
Nos va invadiendo lenta, poro a poro.

Es inútil correr, precipitarse,
huir hasta inventar nuevos caminos
y también es inútil estar quieto
sin palpitar siquiera para que no nos oiga.

Cada minuto es la saeta en vano
disparada hacia ella,
eficaz al volver contra nosotros.

Inútil aturdirse y convocar a fiesta
pues cuando regresamos, inevitablemente,
alta la noche, al entreabrir la puerta
la encontramos inmóvil esperándonos.

Y no podemos escapar viviendo
porque la Vida es una de sus máscaras.

Y nada nos protege de su furia
ni la humildad sumisa hacia su látigo
ni la entrega violenta
al círculo cerrado de sus brazos.

## VIII

Padres:
ya no desparraméis blasfemias en la tierra.
No os dejéis embaucar por la embustera
que exalta vuestros vientres
para depositarles su semilla de espanto.

Cuando os llame fecundos, arrojadle
su mentira a la cara.

Si os consagra inmortales os escarnece.

Sabed que la esperanza no traiciona
y que es la compañera de la muerte.

Sabed que ambas —muerte y esperanza—
crecen como el parásito
alimentado en nuestro propio cuerpo.

## IX

Pero ¿no hemos de amarlas
cuando así las nutrimos con nuestra sangre?

Reverenciad su patrimonio único.

Contemplad cómo las madura el tiempo.

Alternativamente
una se ensancha y otra palidece.

## X

Hoy es en mí la muerte muy pequeña
y grande la esperanza.
Ha soportado climas estériles y rudos,
ha atravesado nieblas y luces dolorosas
y ha desafiado al viento.

Ahora sabe que su ser es isla.
Para emerger acendra primero sus cimientos
y se ubica después sobre la espuma
disputando su patria palmo a palmo.
No ignora que el vacío la rodea
y siente la amenaza del gusano.
Pero edifica muros de arena, defendiéndose.
Tenaz e infatigable
elabora y destruye sus pompas de jabón
y es la aniquiladora y creadora de un Cosmos
transfigurado y líquido.
Trabaja con la llama.
¡Cuántas formas modela, cuántas formas
duermen almacenadas en su seno!

Les dice un día fantasmas y otro les dice juego
pero el nombre secreto en el que se refugia
como en la magia o en el sortilegio,
ese nombre es el nombre impalpable de Poesía.

No perturbéis la rosa con palabras impuras,
no violéis su perfume ni con el pensamiento.

Es la hora perfecta
en que la rama en el altar florece.

Permitid que florezca.
Es la última pasión, la última hoguera
crepitando en la nieve.

Dejadla que respire.

En sus escombros pacerá la muerte.

# DE LA VIGILIA ESTÉRIL
[1950]

# DE LA VIGILIA ESTÉRIL

## I

No voy a repetir las antiguas palabras
de la desolación y la amargura
ni a derretir mi pecho en el plomo del llanto.
El pudor es la cima más alta de la angustia
y el silencio la estrella más fúlgida en la noche.
Diré una vez, sin lágrimas, como si fuera ajeno
el tema exasperado de mi sangre.
Todos los muertos viajan en sus ondas.
Ágiles y gozosos giran, bailan,
suben hasta mis ojos para violar el mundo,
se embriagan de mi boca, respiran por mis poros,
juegan en mi cerebro.
Todos los muertos me alzan, alzándose, hacia el cielo.
Hormiguean en mis plantas vagabundas.
Solicitan la dádiva frutal del mediodía.
Todos los muertos yacen en mi vientre.
Montones de cadáveres ahogan el indefenso
embrión que mis entrañas niegan y desamparan.
No quiero dar la vida.
No quiero que los labios nutridos en mi seno
inventen maldiciones y blasfemias.
No quiero a Dios quebrado entre las manos
inocentes y cárdenas de un niño.

No quiero sus espaldas doblegadas
bajo el látigo múltiple y fuerte de los días
ni sus sienes sudando la sangre del martirio.
No quiero su gemido como un remordimiento.

Seguid muertos girando dichosos y tranquilos.
La espiga está segada, el círculo cerrado.
Sólo vuestros espectros recorrerán mis venas.
Sólo vuestros espectros y este lamento sordo
de mi cuerpo, que pide eternidad.

II

A ratos, fugitiva del sollozo
que paulatinamente me estrangula,
vuelvo hacia las praderas fértiles y lo invoco
con las voces más tiernas y el nombre más secreto.
¡Hijo mío, tangible en el delirio,
encarnado en el sueño!
Y es como si de pronto la tierra se entregara
haciéndose pequeña, pueril como un juguete
para caber, ceñida, entre los brazos.
Es como renacer en otros ámbitos
limpios, transfigurados y perfectos.

III

Pero mirad mis brazos crispados y vacíos
como redes tiradas inútilmente al mar.

Nada debo implorar para mí en los caminos
porque mi lengua acaba exactamente allí,
en las fronteras simples de sí misma
y su grito se apaga entre los límites
de mi propio silencio.
Mirad mi rostro blanco de exangües rebeldías,
mis labios que no saben de los himnos del parto,
mis rodillas hincadas sobre el polvo.
Mirad y despreciadme. Descargad vuestras manos
de las piedras que colman su hueco justiciero.
Herid. No alcanzaréis la frente inerme
(vellón inmaterial y delicado)
a quien mi soledad sirve de escudo.

IV

Antes, para exaltarme, bastaba decir madre.
Antes dije esperanza. Ahora digo pecado.
Antes había un golfo donde el río se liberta.
Ahora sólo hay un muro que detiene las aguas.

## EN EL FILO DEL GOZO

I

Entre la muerte y yo he erigido tu cuerpo:
que estrelle en ti sus olas funestas sin tocarme
y resbale en espuma deshecha y humillada.
Cuerpo de amor, de plenitud, de fiesta,
palabras que los vientos dispersan como pétalos,
campanas delirantes al crepúsculo.
Todo lo que la tierra echa a volar en pájaros,
todo lo que los lagos atesoran de cielo
más el bosque y la piedra y las colmenas.

(Cuajada de cosechas bailo sobre las eras
mientras el tiempo llora por sus guadañas rotas.)

Venturosa ciudad amurallada,
ceñida de milagros, descanso en el recinto
de este cuerpo que empieza donde termina el mío.

II

Convulsa entre tus brazos como mar entre rocas,
rompiéndome en el filo del gozo o mansamente
lamiendo las arenas asoleadas.

(Bajo tu tacto tiemblo
como un arco en tensión palpitante de flechas
y de agudos silbidos inminentes.
Mi sangre se enardece igual que una jauría
olfateando la presa y el estrago.
Pero bajo tu voz mi corazón se rinde
en palomas devotas y sumisas.)

III

Tu sabor se anticipa entre las uvas
que lentamente ceden a la lengua
comunicando azúcares íntimos y selectos.

Tu presencia es el júbilo.

Cuando partes, arrasas jardines y transformas
la feliz somnolencia de la tórtola
en una fiera expectación de galgos.

Y, amor, cuando regresas
el ánimo turbado te presiente
como los ciervos jóvenes la vecindad del agua.

## ORIGEN

Sobre el cadáver de una mujer estoy creciendo,
en sus huesos se enroscan mis raíces
y de su corazón desfigurado
emerge un tallo vertical y duro.
Del féretro de un niño no nacido:
de su vientre tronchado antes de la cosecha
me levanto tenaz, definitiva,
brutal como una lápida y en ocasiones triste
con la tristeza pétrea del ángel funerario
que oculta entre sus manos una cara sin lágrimas.

## DESTINO

Alguien me hincó sobre este suelo duro.
Alguien dijo: Bebamos de su sangre
y hagamos un festín sobre sus huesos.
Y yo me doblegué como un arbusto
cuando lo acosa y lo tritura el viento,
sin gemir el lamento de Job, sin desgarrarme
gritando el nombre oculto de Dios, esa blasfemia
que todos escondemos
en el rincón más lóbrego del pecho.
Olvidé mi memoria,
dejé jirones rotos, esparcidos
en el último sitio donde una breve estancia
se creyera dichosa:
allí donde comíamos en torno de una mesa
el pan de la alegría y los frutos del gozo.
(Era una sola sangre en varios cuerpos
como un vino vertido en muchas copas.)
Pero a veces el cuerpo se nos quiebra
y el vino se derrama.
Pero a veces la copa reposa para siempre
junto a la gran raíz de un árbol de silencio.
Y hay una sangre sola
moviendo un corazón desorbitado
como aturdido pájaro
que torpe se golpea en muros pertinaces,

que no conoce el cielo,
que no sabe siquiera que hay un ámbito
donde acaso sus alas ensayarán el vuelo.

Una mujer camina por un camino estéril
rumbo al más desolado y tremendo crepúsculo.
Una mujer se queda tirada como piedra
en medio de un desierto
o se apaga o se enfría como un remoto fuego.
Una mujer se ahoga lentamente
en un pantano de saliva amarga.
Quien la mira no puede acercarle ni una esponja
con vinagre, ni un frasco de veneno,
ni un apretado y doloroso puño.
Una mujer se llama soledad.
Se llamará locura.

# DOS POEMAS
# [1950]

## DOS POEMAS

### 1

Aquí vine a saberlo. Después de andar golpeándome
como agua entre las piedras y de alzar roncos gritos
de agua que cae despedazada y rota
he venido a quedarme aquí ya sin lamento.
Hablo no por la boca de mis heridas. Hablo
con mis primeros labios. Las palabras
ya no se disuelven como hiel en la lengua.
Vine a saberlo aquí: el amor no es la hoguera
para arrojar en ella nuestros días
a que ardan como leños resecos u hojarasca.
Mientras escribo escucho
cómo crepita en mí la última chispa
de un extinguido infierno.
Ya no tengo más fuego que el de esta ciega lámpara
que camina tanteando, pegada a la pared
y tiembla a la amenaza del aire más ligero.
Si muriera esta noche
sería sólo como abrir la mano,
como cuando los niños la abren ante su madre
para mostrarla limpia, limpia de tan vacía.
Nada me llevo. Tuve sólo un hueco
que no se colmó nunca. Tuve arena

resbalando en mis dedos. Tuve un gesto
crispado y tenso. Todo lo he perdido.
Todo se queda aquí: la tierra, las pezuñas
que la huellan, los belfos que la triscan,
los pájaros llamándose de una enramada a otra,
ese cielo quebrado que es el mar, las gaviotas
con sus alas en viaje,
las cartas que volaban también y que murieron
estranguladas con listones viejos.
Todo se queda aquí: he venido a saber
que no era mío nada: ni el trigo, ni la estrella,
ni su voz, ni su cuerpo, ni mi cuerpo.
Que mi cuerpo era un árbol y el dueño de los árboles
no es su sombra, es el viento.

2

En mi casa, colmena donde la única abeja
volando es el silencio,
la soledad ocupa los sillones
y revuelve las sábanas del lecho
y abre el libro en la página
donde está escrito el nombre de mi duelo.
La soledad me pide, para saciarse, lágrimas
y me espera en el fondo de todos los espejos
y cierra con cuidado las ventanas
para que no entre el cielo.
Soledad, mi enemiga. Se levanta
como una espada a herirme, como soga
a ceñir mi garganta.

Yo no soy la que toma
en su inocencia el agua;
no soy la que amanece con las nubes
ni la hiedra subiendo por las bardas.
Estoy sola: rodeada de paredes
y puertas clausuradas;
sola para partir el pan sobre la mesa,
sola en la hora de encender las lámparas,
sola para decir la oración de la noche
y para recibir la visita del diablo.
A veces mi enemiga se abalanza
con los puños cerrados
y pregunta y pregunta hasta quedarse ronca
y me ata con los garfios de un obstinado diálogo.
Yo callaré algún día; pero antes habré dicho
que el hombre que camina por la calle es mi hermano,
que estoy en donde está
la mujer de atributos vegetales.
Nadie, con mi enemiga, me condene
como a una isla inerte entre los mares.
Nadie mienta diciendo que no luché contra ella
hasta la última gota de mi sangre.
Más allá de mi piel y más adentro
de mis huesos, he amado.
Más allá de mi boca y sus palabras,
del nudo de mi sexo atormentado.
Yo no voy a morir de enfermedad
ni de vejez, de angustia o de cansancio.
Voy a morir de amor, voy a entregarme
al más hondo regazo.

Yo no tendré vergüenza de estas manos vacías
ni de esta celda hermética que se llama Rosario.
En los labios del viento he de llamarme
árbol de muchos pájaros.

# EL RESCATE DEL MUNDO
[1952]

## A LA MUJER QUE VENDE FRUTAS EN LA PLAZA

Amanece en las jícaras
y el aire que las toca se esparce como ebrio.
Tendrías que cantar para decir el nombre
de estas frutas, mejores que tus pechos.

Con reposo de hamaca
tu cintura camina
y llevas a sentarse entre las otras
una ignorante dignidad de isla.

Me quedaré a tu lado,
amiga,
hablando con la tierra
todo el día.

## SILENCIO CERCA DE UNA PIEDRA ANTIGUA

Estoy aquí, sentada, con todas mis palabras
como con una cesta de fruta verde, intactas.

Los fragmentos
de mil dioses antiguos derribados
se buscan por mi sangre, se aprisionan, queriendo
recomponer su estatua.
De las bocas destruidas
quiere subir hasta mi boca un canto,
un olor de resinas quemadas, algún gesto
de misteriosa roca trabajada.
Pero soy el olvido, la traición,
el caracol que no guardó del mar
ni el eco de la más pequeña ola.
Y no miro los templos sumergidos;
sólo miro los árboles que encima de las ruinas
mueven su vasta sombra, muerden con dientes ácidos
el viento cuando pasa.
Y los signos se cierran bajo mis ojos como
la flor bajo los dedos torpísimos de un ciego.
Pero yo sé: detrás
de mi cuerpo otro cuerpo se agazapa,
y alrededor de mí muchas respiraciones
cruzan furtivamente

como los animales nocturnos en la selva.
Yo sé, en algún lugar,
lo mismo
que en el desierto el cactus,
un constelado corazón de espinas
está aguardando un hombre como el cactus la lluvia.
Pero yo no conozco más que ciertas palabras
en el idioma o lápida
bajo el que sepultaron vivo a mi antepasado.

## LAVANDERAS DEL GRIJALVA

Pañuelo del adiós,
camisa de la boda,
en el río, entre peces
jugando con las olas.

Como un recién nacido
bautizado, esta ropa
ostenta su blancura
total y milagrosa.

Mujeres de la espuma
y el ademán que limpia,
halladme un río hermoso
para lavar mis días.

## EL TEJONCITO MAYA

(En el Museo Arqueológico de Tuxtla)

Cubriéndote la risa
con la mano pequeña,
saltando entre los siglos
vienes, en gracia y piedra.

Que caigan las paredes
oscuras que te encierran,
que te den el regazo
de tu madre, la tierra;

en el aire, en el aire
un cascabel alegre
y una ronda de niños
con quien tu infancia juegue.

# TEJEDORAS DE ZINACANTA

Al valle de las nubes
y los delgados pinos,
al de grandes rebaños
—Zinacanta— he venido.

Vengo como quien soy,
sin casa y sin amigo,
a ver a unas mujeres
de labor y sigilo.

Qué misteriosa y hábil
su mano entre los hilos;
mezcla extraños colores,
dibuja raros signos.

No sé lo que trabajan
en el telar que es mío.
Tejedoras, mostradme
mi destino.

## ESCOGEDORAS DE CAFÉ EN EL SOCONUSCO

En el patio qué lujo,
qué riqueza tendida.
(Cafeto despojado
mire el cielo y sonría.)

Con una mano apartan
los granos más felices,
con la otra desechan
y sopesan y miden.

Sabiduría andando
en toscas vestiduras.
Escoja yo mis pasos
como vosotras, justas.

## LA ORACIÓN DEL INDIO

El indio sube al templo tambaleándose,
ebrio de sus sollozos como de un alcohol fuerte.
Se para frente a Dios a exprimir su miseria
y grita con un grito de animal acosado
y golpea entre sus puños su cabeza.

El borbotón de sangre que sale por su boca
deja su cuerpo quieto.

Se tiende, se abandona, duerme en el mismo suelo
que la juncia y respira
el aire de la cera y del incienso.

Repose largamente
tu inocencia de manos que no crucificaron.
Repose tu confianza
reclinada en el brazo del Amor
como un pequeño pueblo en una cordillera.

## UNA PALMERA

Señora de los vientos,
garza de la llanura,
cuando te meces canta
tu cintura.

Gesto de la oración
o preludio del vuelo,
en tu copa se vierten uno a uno
los cielos.

Desde el país oscuro de los hombres
he venido, a mirarte, de rodillas.
Alta, desnuda, única.
Poesía.

# POEMAS
# [1953-1955]

## ELEGÍA

La cordillera, el aire de la altura
que bate poderoso como el ala de un águila,
la atmósfera difícil de una estrella caída,
de una piedra celeste ya enfriada.

Ésta, ésta es mi patria.

Rota, yace a mis pies la estera que tejieron
entrelazando hilos de paciencia y de magia.
O voy pisando templos destruidos
o estelas en el polvo sepultadas.

He aquí el terraplén para la danza.

¿Quién dirá los silencios de mis muertos?
¿Quién llorará la ruina de mi casa?
Entre la soledad una flauta de hueso
derramando una música triste y aguda y áspera.

No hay otra palabra.

## LAMENTACIÓN DE DIDO

Guardiana de las tumbas; botín para mi hermano, el de la corva garra de gavilán;
nave de airosas velas, nave graciosa, sacrificada al rayo de las tempestades;
mujer que asienta por primera vez la planta del pie en tierras desoladas
y es más tarde nodriza de naciones, nodriza que amamanta con leche de sabiduría y de consejo;
mujer siempre, y hasta el fin, que con el mismo pie de la sagrada peregrinación
sube —arrastrando la oscura cauda de su memoria—
hasta la pira alzada del suicidio.

Tal es el relato de mis hechos. Dido mi nombre. Destinos como el mío se han pronunciado desde la antigüedad con palabras hermosas y nobilísimas.
Mi cifra se grabó en la corteza del árbol enorme de las tradiciones.
Y cada primavera, cuando el árbol retoña,
es mi espíritu, no el viento sin historia, es mi espíritu el que estremece y el que hace cantar su follaje.

Y para renacer, año con año,
escojo entre los apóstrofes que me coronan, para que resplandezca con un resplandor único,

éste, que me da cierto parentesco con las playas:
Dido, la abandonada, la que puso su corazón bajo el hachazo de un adiós tremendo.

Yo era lo que fui: mujer de investidura desproporcionada con la flaqueza de su ánimo.
Y, sentada a la sombra de un solio inmerecido,
temblé bajo la púrpura igual que el agua tiembla bajo el légamo.
Y para obedecer mandatos cuya incomprensibilidad me sobrepasa recorrí las baldosas de los pórticos con la balanza de la justicia entre mis manos
y pesé las acciones y declaré mi consentimiento para algunas —las más graves.

Esto era en el día. Durante la noche no la copa del festín, no la alegría de la serenata, no el sueño deleitoso.
Sino los ojos acechando en la oscuridad, la inteligencia batiendo la selva intrincada de los textos
para cobrar la presa que huye entre las páginas.
Y mis oídos, habituados a la ardua polémica de los mentores,
llegaron a ser hábiles para distinguir el robusto sonido del oro
del estrépito estéril con que entrechocan los guijarros.

De mi madre, que no desdeñó mis manos y que me las ungió desde el amanecer con la destreza,
heredé oficios varios; cardadora de lana, escogedora del fruto que ilustra la estación y su clima,
despabiladora de lámparas.

Así pues tomé la rienda de mis días: potros domados, conocedores del camino, reconocedores de la querencia.

Así pues ocupé mi sitio en la asamblea de los mayores.

Y a la hora de la partición comí apaciblemente el pan que habían amasado mis deudos.

Y con frecuencia sentí deshacerse entre mi boca el grano de sal de un acontecimiento dichoso.

Pero no dilapidé mi lealtad. La atesoraba para el tiempo de las lamentaciones,

para cuando los cuervos aletean encima de los tejados y mancillan la transparencia del cielo con su graznido fúnebre;

para cuando la desgracia entra por la puerta principal de las mansiones

y se la recibe con el mismo respeto que a una reina.

De este modo transcurrió mi mocedad: en el cumplimiento de las menudas tareas domésticas; en la celebración de los ritos cotidianos; en la asistencia a los solemnes acontecimientos civiles.

Y yo dormía, reclinando mi cabeza sobre una almohada de confianza.

Así la llanura, dilatándose, puede creer en la benevolencia de su sino,

porque ignora que la extensión no es más que la pista donde corre, como un atleta vencedor,

enrojecido por el heroísmo supremo de su esfuerzo, la llama del incendio.

Y el incendio vino a mí, la predación, la ruina, el exterminio
¡y no he dicho el amor!, en figura de náufrago.

Esto que el mar rechaza, dije, es mío.
Y ante él me adorné de la misericordia como del brazalete de más precio.
Yo te conjuro, si oyes, a que respondas: ¿quién esquivó la adversidad alguna vez? ¿Y quién tuvo a desdoro llamarle huésped suya y preparar la sala del convite?
Quien lo hizo no es mi igual. Mi lenguaje se entronca con el de los inmoladores de sí mismos.

El cuchillo bajo el que se quebró mi cerviz era un hombre llamado Eneas.
Aquel Eneas, aquel, piadoso con los suyos solamente;
acogido a la fortaleza de muros extranjeros; astuto, con astucias de bestia perseguida;
invocador de númenes favorables; hermoso narrador de infortunios y hombre de paso; hombre
con el corazón puesto en el futuro.

—La mujer es la que permanece; rama de sauce que llora en las orillas de los ríos.

Y yo amé a aquel Eneas, a aquel hombre de promesa jurada ante otros dioses.

Lo amé con mi ceguera de raíz, con mi soterramiento de raíz, con mi lenta fidelidad de raíz.
No, no era la juventud. Era su mirada lo que así me

cubría de florecimientos repentinos. Entonces yo fui capaz de poner la palma de mi mano, en signo de alianza, sobre la frente de la tierra. Y vi acercarse a mí, amistadas, las especies hostiles. Y vi también reducirse a número los astros. Y oí que el mundo tocaba su flauta de pastor.

Pero esto no era suficiente. Y yo cubrí mi rostro con la máscara nocturna del amante.

Ah, los que aman apuran tósigos mortales. Y el veneno enardeciendo su sangre, nublando sus ojos, trastornando su juicio, los conduce a cometer actos desatentados; a menospreciar aquello que tuvieron en más estima; a hacer escarnio de su túnica y a arrojar su fama como pasto para que hocen los cerdos.

Así, aconsejada de mis enemigos, di pábulo al deseo y maquiné satisfacciones ilícitas y tejí un espeso manto de hipocresía para cubrirlas.

Pero nada permanece oculto a la venganza. La tempestad presidió nuestro ayuntamiento; la reprobación fue el eco de nuestras decisiones.

Mirad, aquí y allá, esparcidos, los instrumentos de la labor. Mirad el ceño del deber defraudado. Porque la molicie nos había reblandecido los tuétanos.

Y convertida en antorcha yo no supe iluminar más que el desastre.

Pero el hombre está sujeto durante un plazo menor a la embriaguez.

Lúcido nuevamente, apenas salpicado por la sangre de la víctima,
Eneas partió.

Nada detiene al viento. ¡Cómo iba a detenerlo la rama de sauce que llora en las orillas de los ríos!

En vano, en vano fue correr, destrenzada y frenética, sobre las arenas humeantes de la playa.

Rasgué mi corazón y echó a volar una bandada de palomas negras. Y hasta el anochecer permanecí, incólume como un acantilado, bajo el brutal abalanzamiento de las olas.

He aquí que al volver ya no me reconozco. Llego a mi casa y la encuentro arrasada por las furias. Ando por los caminos sin más vestidura para cubrirme que el velo arrebatado a la vergüenza; sin otro cíngulo que el de la desesperación para apretar mis sienes. Y, monótona zumbadora, la demencia me persigue con su aguijón de tábano.

Mis amigos me miran al través de sus lágrimas; mis deudos vuelven el rostro hacia otra parte. Porque la desgracia es espectáculo que algunos no deben contemplar.

Ah, sería preferible morir. Pero yo sé que para mí no hay muerte.
Porque el dolor —¿y qué otra cosa soy más que dolor?— me ha hecho eterna.

# AL PIE DE LA LETRA
# [1959]

## AL PIE DE LA LETRA

Desde hace años, lectura,
tu lento arado se hunde en mis entrañas,
remueve la escondida fertilidad, penetra
hasta donde lo oscuro —esto es lo oscuro: roca—
rechaza los metales con un chispazo lívido.

Plantel de la palabra me volviste.
No sabe la semilla de qué mano ha caído.
Allá donde se pudre
nada recuerda y no presiente nada.

La humedad germinal se escribe, sin embargo,
en la celeste página de las constelaciones.
Pero el que nace ignora, pues nacer es difícil
y no es ciencia, es dolor, la vida a los vivientes.

Lo que soñó la tierra
es visible en el árbol.
La armazón bien trabada del tronco, la hermosura
sostenida en la rama
y el rumor del espíritu en libertad: la hoja.

He aquí la obra, el libro.

Duerma mi día último a su sombra.

# APORÍA DEL BAILARÍN

*A Rodolfo Reyes Cortés*

Agilísimo héroe:
tu cerviz no conoce este yugo de buey
con que la gravedad unce a los cuerpos.
En ti, exento, nacen,
surgen alas posibles.

Narciso adolescente.
La juventud se ha derramado en ti
cual generoso aceite
y te unge los muslos
y abrillanta el volumen de tu torso.

¿Qué buscas más allá
del movimiento puro y calculado,
del frenesí que agita el tirso de los números?
¿Qué convulsión orgiástica se enmascara en el orden?

Velocidad y ritmo
son deleitoso tránsito y no anhelado término.
Elevas la actitud,
el gesto, el ademán,
hasta el más alto punto de la congelación.

Y la danza se cumple en el reposo.

Pues el oculto nombre
de la deidad que sirves, oh bailarín, es éste:
voluntad estatuaria.

## EPITAFIO DEL HIPÓCRITA

Quería y no quería.
Quería con su piel y con sus uñas,
con lo que cambia y cae; negaba con sus vísceras,
con lo que de sus vísceras no era aserrín, con todo
lo que latía y sangraba en sus entrañas.

Quería ser él y el otro.
Siamés partido a la mitad, buscaba
la columna de hueso para asirse, colgar
su cartilaginosa consistencia de hiedra.

Mesón desocupado,
actor, daba hospedaje al agonista.
Gesticulaba viendo su sombra en las paredes,
deglutía palabras sin sabor, eructaba
resonando en su vasta oquedad de tambor.

Ensayaba ademanes
—heroico, noble, prócer—
para que al desbordarse la lava del elogio
lo cubriera cuajando después en una estatua.

No a solas ¡nunca a solas!
dijo el brindis final,
alzó la copa amarga de cicuta.

(Mas no bebió su muerte sino la del espejo.)

## DOS MEDITACIONES

I

Considera, alma mía, esta textura
áspera al tacto, a la que llaman vida.
Repara en tantos hilos tan sabiamente unidos
y en el color, sombrío pero noble,
firme, y donde ha esparcido su resplandor el rojo.

Piensa en la tejedora; en su paciencia
para recomenzar
una tarea siempre inacabada.

Y odia después, si puedes.

II

Hombrecito, ¿qué quieres hacer con tu cabeza?
¿Atar al mundo, al loco, loco y furioso mundo?
¿Castrar al potro Dios?

Pero Dios rompe el freno y continúa engendrando
magníficas criaturas,
seres salvajes cuyos alaridos
rompen esta campana de cristal.

## LINAJE

Hay cierta raza de hombres
(ahora ya conozco a mis hermanos)
que llevan en el pecho como un agua desnuda
temblando.
Que tienen manos torpes
y todo se les quiebra entre las manos;
que no quieren mirar para no herir
y levantan sus actos
como una estatua de ángel amoroso
y repentinamente degollado.

Raza de la ternura funesta, de Abel
resucitado.

## EL OTRO

¿Por qué decir nombres de dioses, astros,
espumas de un océano invisible,
polen de los jardines más remotos?
Si nos duele la vida, si cada día llega
desgarrando la entraña, si cada noche cae
convulsa, asesinada.
Si nos duele el dolor en alguien, en un hombre
al que no conocemos, pero está
presente a todas horas y es la víctima
y el enemigo y el amor y todo
lo que nos falta para ser enteros.
Nunca digas que es tuya la tiniebla,
no te bebas de un sorbo la alegría.
Mira a tu alrededor: hay otro, siempre hay otro.
Lo que él respira es lo que a ti te asfixia,
lo que come es tu hambre.
Muere con la mitad más pura de tu muerte.

## LA VELADA DEL SAPO

Sentadito en la sombra
—solemne con tu bocio exoftálmico; cruel
(en apariencia, al menos, debido a la hinchazón
de los párpados); frío,
frío de repulsiva sangre fría.

Sentadito en la sombra miras arder la lámpara.

En torno de la luz hablamos y quizá
uno dice tu nombre.

(Es septiembre. Ha llovido.)

Como por el resorte de la sorpresa, saltas
y aquí estás ya, en medio de la conversación,
en el centro del grito.

¡Con qué miedo sentimos palpitar
el corazón desnudo
de la noche en el campo!

## NOCTURNO

Me tendí, como el llano, para que aullara el viento.
Y fui una noche entera
ámbito de su furia y su lamento.

Ah, ¿quién conoce esclavitud igual
ni más terrible dueño?

En mi aridez, aquí, llevo la marca
de su pie sin regreso.

# MONÓLOGO DE LA EXTRANJERA

Vine de lejos. Olvidé mi patria.
Ya no entiendo el idioma
que allá usan de moneda o de herramienta.
Alcancé la mudez mineral de la estatua.
Pues la pereza y el desprecio y algo
que no sé discernir me han defendido
de este lenguaje, de este terciopelo
pesado, recamado de joyas, con que el pueblo
donde vivo, recubre sus harapos.

Esta tierra, lo mismo que la otra de mi infancia,
tiene aún en su rostro,
marcada a fuego y a injusticia y crimen,
su cicatriz de esclava.
Ay, de niña dormía bajo el arrullo ronco
de una paloma negra: una raza vencida.
Me escondía entre las sábanas
porque un gran animal
acechaba en la sombra, hambriento, y sin embargo
con la paciencia dura de la piedra.
Junto a él ¿qué es el mar o la desgracia
o el rayo del amor
o la alegría que nos aniquila?
Quiero decir, entonces,
que me fue necesario crecer pronto

(antes de que el terror me devorase)
y partir y poner la mano firme
sobre el timón y gobernar la vida.

Demasiado temprano
escupí en los lugares
que la plebe consagra para la reverencia.
Y entre la multitud yo era como el perro
que ofende con su sarna y su fornicación
y su ladrido inoportuno, en medio
del rito y la importante ceremonia.

Y bien. La juventud,
aunque grave, no fue mortal del todo.
Convalecí. Sané. Con pulso hábil
aprendí a sopesar el éxito, el prestigio,
el honor, la riqueza.
Tuve lo que el mediocre envidia, lo que los
triunfadores disputan y uno solo arrebata.
Lo tuve y fue como comer espuma,
como pasar la mano sobre el lomo del viento.

El orgullo supremo es la suprema
renunciación. No quise
ser el astro difunto
que absorbe luz prestada para vivificarse.
Sin nombre, sin recuerdos,
con una desnudez espectral, giro
en una breve órbita doméstica.

Pero aun así fermento
en la imaginación espesa de los otros.

Mi presencia ha traído
hasta esta soñolienta ciudad de tierra adentro
un aliento salino de aventura.

Mirándome, los hombres recuerdan que el destino
es el gran huracán que parte ramas
y abate firmes árboles
y establece en su imperio
—sobre la mezquindad de lo humano— la ley
despiadada del cosmos.

Me olfatean desde lejos las mujeres y sueñan
lo que las bestias de labor, si huelen
la ráfaga brutal de la tormenta.
Cumplo también, delante del anciano,
un oficio pasivo:
el de suscitadora de leyendas.

Y cuando, a medianoche,
abro de par en par las ventanas, es para
que el desvelado, el que medita a muerte,
y el que padece el lecho de sus remordimientos
y hasta el adolescente
(bajo de cuya sien arde la almohada)
interroguen lo oscuro en mi persona.

Basta. He callado más de lo que he dicho.
Tostó mi mano el sol de las alturas
y en el dedo que dicen aquí "del corazón"
tengo un anillo de oro con un sello grabado.

El anillo que sirve
para identificar los cadáveres.

# LÍVIDA LUZ
[1960]

## DESTINO

Matamos lo que amamos. Lo demás
no ha estado vivo nunca.
Ninguno está tan cerca. A ningún otro hiere
un olvido, una ausencia, a veces menos.
Matamos lo que amamos. ¡Que cese ya esta asfixia
de respirar con un pulmón ajeno!
El aire no es bastante
para los dos. Y no basta la tierra
para los cuerpos juntos
y la ración de la esperanza es poca
y el dolor no se puede compartir.

El hombre es animal de soledades,
ciervo con una flecha en el ijar
que huye y se desangra.

Ah, pero el odio, su fijeza insomne
de pupilas de vidrio; su actitud
que es a la vez reposo y amenaza.

El ciervo va a beber y en el agua aparece
el reflejo de un tigre.
El ciervo bebe el agua y la imagen. Se vuelve
—antes que lo devoren— (cómplice, fascinado)
igual a su enemigo.

Damos la vida sólo a lo que odiamos.

# AGONÍA FUERA DEL MURO

Miro las herramientas,
el mundo que los hombres hacen, donde se afanan,
sudan, paren, cohabitan.

El cuerpo de los hombres, prensado por los días,
su noche de ronquido y de zarpazo
y las encrucijadas en que se reconocen.

Hay ceguera y el hambre los alumbra
y la necesidad, más dura que metales.

Sin orgullo (¿qué es el orgullo? ¿Una vértebra
que todavía la especie no produce?)
los hombres roban, mienten,
como animal de presa olfatean, devoran
y disputan a otro la carroña.

Y cuando bailan, cuando se deslizan
o cuando burlan una ley o cuando
se envilecen, sonríen,
entornan levemente los párpados, contemplan
el vacío que se abre en sus entrañas
y se entregan a un éxtasis vegetal, inhumano.

Yo soy de alguna orilla, de otra parte,

soy de los que no saben ni arrebatar ni dar,
gente a quien compartir es imposible.

No te acerques a mí, hombre que haces el mundo,
déjame, no es preciso que me mates.
Yo soy de los que mueren solos, de los que mueren
de algo peor que vergüenza.

Yo muero de mirarte y no entender.

## JORNADA DE LA SOLTERA

Da vergüenza estar sola. El día entero
arde un rubor terrible en su mejilla.
(Pero la otra mejilla está eclipsada.)

La soltera se afana en quehacer de ceniza,
en labores sin mérito y sin fruto;
y a la hora en que los deudos se congregan
alrededor del fuego, del relato,
se escucha el alarido
de una mujer que grita en un páramo inmenso
en el que cada peña, cada tronco
carcomido de incendios, cada rama
retorcida es un juez
o es un testigo sin misericordia.

De noche la soltera
se tiende sobre el lecho de agonía.
Brota un sudor de angustia a humedecer las sábanas
y el vacío se puebla
de diálogos y hombres inventados.

Y la soltera aguarda, aguarda, aguarda.

Y no puede nacer en su hijo, en sus entrañas,
y no puede morir

en su cuerpo remoto, inexplorado,
planeta que el astrónomo calcula,
que existe aunque no ha visto.

Asomada a un cristal opaco la soltera
—astro extinguido— pinta con un lápiz
en sus labios la sangre que no tiene.

Y sonríe ante un amanecer sin nadie.

## APELACIÓN AL SOLITARIO

Es necesario, a veces, encontrar compañía.

Amigo, no es posible ni nacer ni morir
sino con otro. Es bueno
que la amistad le quite
al trabajo esa cara de castigo
y a la alegría ese aire ilícito de robo.

¿Cómo podrías estar solo a la hora
completa, en que las cosas y tú hablan y hablan,
hasta el amanecer?

## CANCIÓN DE CUNA

¿Es grande el mundo? —Es grande. Del tamaño del
[miedo.
¿Es largo el tiempo? —Es largo. Largo como el olvido.
¿Es profunda la mar? —Pregúntaselo al náufrago.

(El Tentador sonríe. Me acaricia el cabello
y me dice que duerma.)

## AMANECER

¿Qué se hace a la hora de morir? ¿Se vuelve
la cara a la pared?
¿Se agarra por los hombros al que está cerca y oye?
¿Se echa uno a correr, como el que tiene
las ropas incendiadas, para alcanzar el fin?

¿Cuál es el rito de esta ceremonia?
¿Quién vela la agonía? ¿Quién estira la sábana?
¿Quién aparta el espejo sin empañar?

Porque a esta hora ya no hay madre y deudos.

Ya no hay sollozo. Nada, más que un silencio atroz.

Todos son una faz atenta, incrédula
de hombre de la otra orilla.

Porque lo que sucede no es verdad.

## LO COTIDIANO

Para el amor no hay cielo, amor, sólo este día;
este cabello triste que se cae
cuando te estás peinando ante el espejo.
Esos túneles largos
que se atraviesan con jadeo y asfixia;
las paredes sin ojos,
el hueco que resuena
de alguna voz oculta y sin sentido.

Para el amor no hay tregua, amor. La noche
no se vuelve, de pronto, respirable.
Y cuando un astro rompe sus cadenas
y lo ves zigzaguear, loco, y perderse,
no por ello la ley suelta sus garfios.
El encuentro es a oscuras. En el beso se mezcla
el sabor de las lágrimas.
Y en el abrazo ciñes
el recuerdo de aquella orfandad, de aquella muerte.

## LÍVIDA LUZ

No puedo hablar sino de lo que sé.

Como Tomás tengo la mano hundida
en una llaga. Y duele en el otro y en mí.

¡Ah, qué sudor helado de agonía!
¡Qué convulsión de asco!

No, no quiero consuelo, ni olvido, ni esperanza.

Quiero valor para permanecer,
para no traicionar lo nuestro: el día
presente y esta luz con que se mira entero.

## EL POBRE

Me ve como desde un siglo remoto,
como desde un estrato geológico distinto.

Del idioma que algunos atesoran
le dieron de limosna una palabra
para pedir su pan y otra para dar gracias.
Ninguna para el diálogo.

El domador, con látigo y revólveres,
le enseña a hacer piruetas divertidas,
pero no a erguirse, no a romper la jaula,
y lo premia con una palmada sobre el lomo.

Aunque son tantos (nunca se acabarán, prometen
las profecías) cada uno
cree que es el último sobreviviente
—después de la catástrofe— de una especie
[extinguida.

Allí está: receptáculo
de la curiosidad incrédula, del odio,
del llanto compasivo, del temor.

Como una luz nos hace
cerrar violentamente los ojos y volvernos
hacia lo que se puede comprender.

Nadie, aunque algunos juren en el templo, en la
desde la silla del poder o sobre [esquina,
el estrado del juez, nadie es igual
al pobre ni es hermano de los pobres.

Hay distancia. Hay la misma extrañeza interrogante
que ante lo mineral. Hay la inquietud
que suscita un axioma falso. Hay
la alarma, y aún la risa,
de cuando contemplamos
nuestra caricatura, nuestro ayer en un simio.

Y hay algo más. El puño se nos cierra
para oprimir; y el alma
para rechazar lejos al intruso.

¡Qué náusea repentina
(su figura, mi horror)
por lo que debería ser un hombre y no es!

## PRESENCIA

Algún día lo sabré. Este cuerpo que ha sido
mi albergue, mi prisión, mi hospital, es mi tumba.

Esto que uní alrededor de un ansia,
de un dolor, de un recuerdo,
desertará buscando el agua, la hoja,
la espora original y aun lo inerte y la piedra.

Este nudo que fui (inextricable
de cóleras, traiciones, esperanzas,
vislumbres repentinos, abandonos,
hambres, gritos de miedo y desamparo
y alegría fulgiendo en las tinieblas
y palabras y amor y amor y amores)
lo cortarán los años.

Nadie verá la destrucción. Ninguno
recogerá la página inconclusa.

Entre el puñado de actos
dispersos, aventados al azar, no habrá uno
al que pongan aparte como a perla preciosa.

Y sin embargo, hermano, amante, hijo,

amigo, antepasado,
no hay soledad, no hay muerte
aunque yo olvide y aunque yo me acabe.

Hombre, donde tú estás, donde tú vives
permanecemos todos.

# MATERIA MEMORABLE
[1969]

## SOBREMESA

Después de la comida aún se quedan
en torno de la mesa. Y allí fuman
su cigarro los hombres; las mujeres
siguen una labor paciente, cuyo origen
apenas se recuerda. Un negro café humea,
en tazas a menudo requeridas.

Alguien corta las páginas de un libro
o recoge las migas de pan entre sus dedos
y la de más allá cuenta los meses
de su preñez, a la otra que ha criado ya a los hijos.

Se demora en venir la que alza el mantel
y pone en sus dobleces una rama de espliego.

Para su plenitud este instante no quiere
más que ser y pasar.

# NOCTURNO

Amigo, conversemos.
Desde hace ¿cuántos años?, desde el día
en que a un tiempo rompimos la tiniebla
y con vagido entramos en el reino del aire;
desde que los mayores nos pusieron
la sal sobre la lengua
y nos soplaron al oído un nombre
(no de amor, de destino),
un nombre que repites todavía
y que repito yo y repetiremos
hasta el fin, hasta el fin, sin entenderlo,
hemos estado juntos.

Espalda con espalda. El uno viendo
nacer el sol y el otro
posando su mejilla en el regazo
materno de la noche.

Atados mano contra mano y vueltos
—forcejeando por irnos—
uno hacia el sur, hacia el fragante verde
y el otro a la hosquedad de los desiertos;
desgarrados; sangrando yo con la herida tuya
y tú quizá doliéndote
de no tener siquiera una pequeña brizna

de dolor que no sea también mío,
hemos sido gemelos y enemigos.

Nos partimos el mundo. Para ti
ese fragmento oscuro del espejo
en que sólo se ve la cara de la muerte;
los hierros, las espinas del sacrificio, el vaso
ritual y el cascabel violento de la danza.

Y para mí la túnica parda de la labor,
la escudilla de barro torneado con las manos
en que no cabe más que un sorbo de agua
y el sueño sin ensueños de la sierva.

Pero fuimos desleales al pacto. Tú acechabas
—lobo hambriento— el plantel y los rediles
y aullabas profecías intolerables
y hacías resucitar maldiciones y textos
rescatados de no sé qué catástrofe.

O incendiabas, de pronto, mi faena
con un enorme resplandor sagrado.

Y yo la hormiga. Yo
cosquilleando en tu brazo, hasta abatirlo,
cada vez que querías alzarlo hasta los cielos.

Y yo, Marta, pasando la punta de los dedos
sobre el altar, para encontrar la huella
del polvo mal limpiado.

Y yo, la tos que rompe
la redondez entera de la bóveda
en el instante puro de la consagración.

Y yo en la fiesta. Párpados esquivos,
trenza apretada, labios sin sonrisa.
De espaldas a la música, con esa cicatriz
que el ceño del deber me ha marcado en la frente;
pronta a extinguir las lámparas, ansiosa
de despedir al huésped
porque en la soledad yo te escupía a la cara
el nombre de la culpa.

Ah, qué duelos a muerte.
Hasta el amanecer luchábamos y el día
nos encontraba aún confundidos en nudo
ciego de odio y de lágrimas.

Como el convaleciente, tambaleándonos,
nos poníamos de pie, lívidos y desnudos.
Y ni así, al contemplar nuestras llagas, subió
jamás a nuestra boca
una palabra de piedad, un gesto
en que se nos volviera perdón el sufrimiento.

Pero hoy me tiemblan tus rodillas; late
tu pulso enloquecido entre mis sienes
y siento que el orgullo se nos va deshaciendo
como un sudor que escurre adentro de la médula.

Porque la noche es larga. Nada anuncia su término
y acaso
para nosotros dos ya no hay mañana.

Demos a la fatiga una tregua y hablemos.

Ayúdame a decir esa sílaba única
—tú, yo— ¡pero no dos, nunca más dos!
cuya mitad posees.

# TESTAMENTO DE HÉCUBA

*A Ofelia Guilmain, homenaje*

Torre, no hiedra, fui. El viento nada pudo
rondando en torno mío con sus cuernos de toro:
alzaba polvaredas desde el norte y el sur
y aun desde otros puntos que olvidé o que ignoraba.
Pero yo resistía, profunda de cimientos,
ancha de muros, sólida
y caliente de entrañas, defendiendo a los míos.

El dolor era un deudo más de aquella familia.
No el predilecto ni el mayor. Un deudo
comedido en la faena, humilde comensal,
oscuro relator de cuentos junto al fuego.
Cazaba, en ocasiones, lejos y por servir
su instinto de varón
que tiene el pulso firme y los ojos certeros.
Volvía con la presa y la entregaba al hábil
destazador y al diestro
afán de las mujeres.

Al recogerme yo decía: qué hermosa
labor están tejiendo con las horas mis manos.
Desde la juventud tuve frente a mis ojos
un hermoso dechado

y no ambicioné más que copiar su figura.
En su día fui casta
y después fiel al único, al esposo.

Nunca la aurora me encontró dormida
ni me alcanzó la noche
antes que se apagara mi rumor de colmena.
La casa de mi dueño se llenó de mis obras
y su campo llegó hasta el horizonte.

Y para que su nombre no acabara
al acabar su cuerpo,
tuvo hijos en mí valientes, laboriosos,
tuvo hijas de virtud,
desposadas con yernos aceptables
(excepto una, virgen, que se guardó a sí misma
tal vez como la ofrenda para un dios).

Los que me conocieron me llamaron dichosa
y no me contenté con recibir
la feliz alabanza de mis iguales
sino que me incliné hasta los pequeños
para sembrar en ellos gratitud.

Cuando vino el relámpago buscando
aquel árbol de las conversaciones
clamó por la injusticia el fulminado.

Yo no dije palabras, porque es condición mía
no entender otra cosa sino el deber y he sido
obediente al desastre:

viuda irreprensible, reina que pasó a esclava
sin que su dignidad de reina padeciera
y madre, ay, y madre
huérfana de su prole.

Arrastré la vejez como una túnica
demasiado pesada.
Quedé ciega de años y de llanto
y en mi ceguera vi
la visión que sostuvo en su lugar mi ánimo.

Vino la invalidez, el frío, el frío
y tuve que entregarme a la piedad
de los que viven. Antes
me entregé así al amor, al infortunio.

Alguien asiste mi agonía. Me hace
beber a sorbos una docilidad difícil
y yo voy aceptando
que se cumplan en mí los últimos misterios.

# TRÁNSITO

## I

Niña ciega, palpaba mi rostro con mis manos
no para ver, para borrar la línea
donde el perfil dice "mañana"; donde
alza el mentón su hueso que se opone a la muerte.
Y con el ademán se iban desvaneciendo
el dolor, la presencia, la memoria.

(No, no moría. No supe
cómo borrar el nombre de Rosario.)

## II

No conocí la ley, esa constelación
bajo la que mis padres me engendraron.
No supe mi destino de vegetal, mi nombre
que termina en la punta de mis dedos
y quise dar un paso más allá
donde se ahoga el pez, donde estalla la piedra.

Más allá de los límites. Aquí,
profundidad o altura, inhabitable
lugar para mi especie.

III

Subí hasta donde el hombre
movía sus figuras de ajedrez
y era una transparente atmósfera de águilas.

(He debido cubrirme el rostro con un velo
por no mostrar este color de selva
—esplendor y catástrofe—
que todavía no me ha abandonado.)

## NOTA ROJA

En página primera
viene, como a embestir, este retrato
y luego, a ocho columnas, la noticia:
asesinado misteriosamente.

Es tan fácil morir, basta tan poco.
Un golpe a medianoche, por la espalda,
y aquí está ya el cadáver
puesto entre las mandíbulas de un público antropó-
[fago.
Mastica lentamente el nombre, las señales,
los secretos guardados con años de silencio,
la lepra oculta, el vicio nunca harto.

Del asesino nadie sabe nada:
cara con antifaz, mano con guantes.

Pero este cuerpo abierto en canal, esta entraña
derramada en el suelo
hacen subir la fiebre
de cada Abel que mira su alrededor, temblando.

## EMBLEMA DE LA VIRTUOSA

Después de días, muchos, muchos días
—cada uno con su cara
y su rudo instrumento de dominio en la mano—
me comparo a la bestia que ya ha tascado el freno,
que ya ha sentido hundirse la espuela en el ijar
y sabe cómo el brío y el furor
ascienden, se deshacen
entre los belfos como espuma inútil.

Sí, callo. Sí, me inclino. Me detengo,
me apresuro según la rienda manda.
Para que mi jinete, mi destino
—ése a quien no conozco— vaya hasta donde va.

Cuando joven pací en una pradera
abundante de nombres y yo escogí lo mío.
Pero mi senda de hoy tiene no más un trébol.
Con un pétalo dice mansedumbre
y con otro lealtad
y con otro obediencia.

Ay, pero el cuarto, el último,
la hoja de la suerte verdadera,
dice sólo abyección.

Amigo que encegueces cuando me miras, ciégame,

úngeme de soberbia,
amortigua mi tacto, mi memoria,
todo lo que ilumina, lo que lee,
para que quede oculta esa palabra.

# RECORDATORIO

Obedecí, señores, las consignas.

Hice la reverencia de la entrada,
bailé los bailes de la adolescente
y me senté a aguardar el arribo del príncipe.

Se me acercaron unos con ese gesto astuto
y suficiente, del chalán de feria;
otros me sopesaron
para fijar el monto de mi dote
y alguien se fio del tacto de sus dedos
y así saber la urdimbre de mi entraña.

Hubo un intermediario entre mi cuerpo y yo,
un intérprete —Adán, que me dio el nombre
de mujer, que hoy ostento—
trazando en el espacio la figura
de un delta bifurcándose.

Ah, destino, destino.

He pagado el tributo de mi especie
pues di a la tierra, al mundo, esa criatura
en que se glorifica y se sustenta.

Es tiempo de acercarse a las orillas,

de volver a los patios interiores,
de apagar las antorchas
porque ya la tarea ha sido terminada.

Sin embargo, yo aún permanezco en mi sitio.

Señores, ¿no olvidasteis
dictar la orden de que me retire?

# EN LA TIERRA DE EN MEDIO
[1972]

## ELEGÍA

Nunca, como a tu lado, fui de piedra.

Y yo que me soñaba nube, agua,
aire sobre la hoja,
fuego de mil cambiantes llamaradas,
sólo supe yacer,
pesar, que es lo que sabe hacer la piedra
alrededor del cuello del ahogado.

## AJEDREZ

Porque éramos amigos y, a ratos, nos amábamos;
quizá para añadir otro interés
a los muchos que ya nos obligaban
decidimos jugar juegos de inteligencia.

Pusimos un tablero enfrente de nosotros:
equitativo en piezas, en valores,
en posibilidad de movimientos.
Aprendimos las reglas, les juramos respeto
y empezó la partida.

Henos aquí hace un siglo, sentados, meditando
encarnizadamente
cómo dar el zarpazo último que aniquile
de modo inapelable y, para siempre, al otro.

## PEQUEÑA CRÓNICA

Entre nosotros hubo
lo que hay entre dos cuando se aman:
sangre del himen roto. (¿Te das cuenta?
Virgen a los treinta años ¡y poetisa! Lagarto.)

La hemorragia mensual o sea en la que un niño
dice que sí, dice que no a la vida.

Y la vena
—mía o de otra ¿qué más da?— en que el tajo
suicida se hundió un poco o lo bastante
como para volverse una esquela mortuoria.

Hubo, quizá, también otros humores:
el sudor del trabajo, el del placer,
la secreción verdosa de la cólera,
semen, saliva, lágrimas.

Nada, en fin, que un buen baño no borre. Y me
[pregunto
con qué voy a escribir, entonces, nuestra historia.
¿Con tinta? ¡Ay! Si la tinta
viene de tan ajenos manantiales.

# NINFOMANÍA

Te tuve entre mis manos:
la humanidad entera en una nuez.

¡Qué cáscara tan dura y tan rugosa!

Y, adentro, el simulacro
de los dos hemisferios cerebrales
que, obviamente, no aspiran a operar
sino a ser devorados, alabados
por ese sabor neutro, tan insatisfactorio
que exige, al infinito,
una vez y otra y otra, que se vuelva a probar.

## MALINCHE

Desde el sillón de mando mi madre dijo: "Ha [muerto."
Y se dejó caer, como abatida,
en los brazos del otro, usurpador, padrastro
que la sostuvo no con el respeto
que el siervo da a la majestad de reina
sino con ese abajamiento mutuo
en que se humillan ambos, los amantes, los cómplices.

Desde la Plaza de los Intercambios
mi madre anunció: "Ha muerto."

La balanza
se sostuvo un instante sin moverse
y el grano de cacao quedó quieto en el arca
y el sol permanecía en la mitad del cielo
como aguardando un signo
que fue, cuando partió como una flecha,
el ay agudo de las plañideras.

"Se deshojó la flor de muchos pétalos,
se evaporó el perfume,
se consumió la llama de la antorcha.

Una niña regresa, escarbando, al lugar
en el que la partera depositó su ombligo.

Regresa al Sitio de los que Vivieron.

Reconoce a su padre asesinado,
ay, ay, ay, con veneno, con puñal,
con trampa ante sus pies, con lazo de horca.

Se toman de la mano y caminan, caminan
perdiéndose en la niebla."

Tal era el llanto y las lamentaciones
sobre algún cuerpo anónimo; un cadáver
que no era el mío porque yo, vendida
a mercaderes, iba como esclava,
como nadie, al destierro.

Arrojada, expulsada
del reino, del palacio y de la entraña tibia
de la que me dio a luz en tálamo legítimo
y que me aborreció porque yo era su igual
en figura y en rango
y se contempló en mí y odió su imagen
y destrozó el espejo contra el suelo.

Yo avanzo hacia el destino entre cadenas
y dejo atrás lo que todavía escucho:
los fúnebres rumores con los que se me entierra.

Y la voz de mi madre con lágrimas ¡con lágrimas!
que decreta mi muerte.

# MEMORIAL DE TLATELOLCO

La oscuridad engendra la violencia
y la violencia pide oscuridad
para cuajar en crimen.

Por eso el dos de octubre aguardó hasta la noche
para que nadie viera la mano que empuñaba
el arma, sino sólo su efecto de relámpago.

Y a esa luz, breve y lívida, ¿quién? ¿Quién es el que
¿Quiénes los que agonizan, los que mueren? [mata?
¿Los que huyen sin zapatos?
¿Los que van a caer al pozo de una cárcel?
¿Los que se pudren en el hospital?
¿Los que se quedan mudos, para siempre, de espanto?

¿Quién? ¿Quiénes? Nadie. Al día siguiente, nadie.

La plaza amaneció barrida; los periódicos
dieron como noticia principal
el estado del tiempo.
Y en la televisión, en la radio, en el cine
no hubo ningún cambio de programa,
ningún anuncio intercalado ni un
minuto de silencio en el banquete
(Pues prosiguió el banquete.)

No busques lo que no hay: huellas, cadáveres,
que todo se le ha dado como ofrenda a una diosa:
a la Devoradora de Excrementos.

No hurgues en los archivos pues nada consta en actas.

Ay, la violencia pide oscuridad
porque la oscuridad engendra el sueño
y podemos dormir soñando que soñamos.

Mas he aquí que toco una llaga: es mi memoria.
Duele, luego es verdad. Sangra con sangre.
Y si la llamo mía traiciono a todos.

Recuerdo, recordamos.

Ésta es nuestra manera de ayudar que amanezca
sobre tantas conciencias mancilladas,
sobre un texto iracundo, sobre una reja abierta,
sobre el rostro amparado tras la máscara.

Recuerdo, recordemos
hasta que la justicia se siente entre nosotros.

## AUTORRETRATO

Yo soy una señora: tratamiento
arduo de conseguir, en mi caso, y más útil
para alternar con los demás que un título
extendido a mi nombre en cualquier academia.

Así, pues, luzco mi trofeo y repito:
yo soy una señora. Gorda o flaca
según las posiciones de los astros,
los ciclos glandulares
y otros fenómenos que no comprendo.

Rubia, si elijo una peluca rubia.
O morena, según la alternativa.
(En realidad, mi pelo encanece, encanece.)

Soy más o menos fea. Eso depende mucho
de la mano que aplica el maquillaje.

Mi apariencia ha cambiado a lo largo del tiempo
—aunque no tanto como dice Weininger
que cambia la apariencia del genio—. Soy mediocre.
Lo cual, por una parte, me exime de enemigos
y, por la otra, me da la devoción
de algún admirador y la amistad
de esos hombres que hablan por teléfono

y envían largas cartas de felicitación.
Que beben lentamente whisky sobre las rocas
y charlan de política y de literatura.

Amigas... hmmm... a veces, raras veces
y en muy pequeñas dosis.
En general, rehúyo los espejos.
Me dirían lo de siempre: que me visto muy mal
y que hago el ridículo
cuando pretendo coquetear con alguien.

Soy madre de Gabriel: ya usted sabe, ese niño
que un día se erigirá en juez inapelable
y que acaso, además, ejerza de verdugo.
Mientras tanto lo amo.

Escribo. Este poema. Y otros. Y otros.
Hablo desde una cátedra.
Colaboro en revistas de mi especialidad
y un día a la semana publico en un periódico.

Vivo enfrente del Bosque. Pero casi
nunca vuelvo los ojos para mirarlo. Y nunca
atravieso la calle que me separa de él
y paseo y respiro y acaricio
la corteza rugosa de los árboles.

Sé que es obligatorio escuchar música
pero la eludo con frecuencia. Sé
que es bueno ver pintura
pero no voy jamás a las exposiciones
ni al estreno teatral ni al cine-club.

Prefiero estar aquí, como ahora, leyendo
y, si apago la luz, pensando un rato
en musarañas y otros menesteres.

Sufro más bien por hábito, por herencia, por no
diferenciarme más de mis congéneres
que por causas concretas.

Sería feliz si yo supiera cómo.
Es decir, si me hubieran enseñado los gestos,
los parlamentos, las decoraciones.

En cambio me enseñaron a llorar. Pero el llanto
es en mí un mecanismo descompuesto
y no lloro en la cámara mortuoria
ni en la ocasión sublime ni frente a la catástrofe.

Lloro cuando se quema el arroz o cuando pierdo
el último recibo del impuesto predial.

## SE HABLA DE GABRIEL

Como todos los huéspedes mi hijo me estorbaba
ocupando un lugar que era mi lugar,
existiendo a deshora,
haciéndome partir en dos cada bocado.

Fea, enferma, aburrida
lo sentía crecer a mis expensas,
robarle su color a mi sangre, añadir
un peso y un volumen clandestinos
a mi modo de estar sobre la tierra.

Su cuerpo me pidió nacer, cederle el paso,
darle un sitio en el mundo,
la provisión de tiempo necesaria a su historia.

Consentí. Y por la herida en que partió, por esa
hemorragia de su desprendimiento
se fue también lo último que tuve
de soledad, de yo mirando tras de un vidrio.

Quedé abierta, ofrecida
a las visitaciones, al viento, a la presencia.

## ECONOMÍA DOMÉSTICA

He aquí la regla de oro, el secreto del orden:
tener un sitio para cada cosa
y tener
cada cosa en su sitio. Así arreglé mi casa.

Impecable anaquel el de los libros:
un apartado para las novelas,
otro para el ensayo
y la poesía en todo lo demás.

Si abres una alacena huele a espliego
y no confundirás los manteles de lino
con los que se usan cotidianamente.

Y hay también la vajilla de la gran ocasión
y la otra que se usa, se rompe, se repone
y nunca está completa.

La ropa en su cajón correspondiente
y los muebles guardando las distancias
y la composición que los hace armoniosos.

Naturalmente que la superficie
(de lo que sea) está pulida y limpia.
Y es también natural
que el polvo no se esconda en los rincones.

Pero hay algunas cosas
que provisionalmente coloqué aquí y allá
o que eché en el lugar de los trebejos.

Algunas cosas. Por ejemplo, un llanto
que no se lloró nunca;
una nostalgia de que me distraje,
un dolor, un dolor del que se borró el nombre,
un juramento no cumplido, un ansia
que se desvaneció como el perfume
de un frasco mal cerrado.

Y retazos de tiempo perdido en cualquier parte.

Esto me desazona. Siempre digo: mañana...
y luego olvido. Y muestro a las visitas,
orgullosa, una sala en la que resplandece
la regla de oro que me dio mi madre.

## ENTREVISTA DE PRENSA

Pregunta el reportero, con la sagacidad
que le da la destreza de su oficio:
—¿Por qué y para qué escribe?

—Pero, señor, es obvio. Porque alguien
(cuando yo era pequeña)
dijo que gente como yo, no existe.
Porque su cuerpo no proyecta sombra,
porque no arroja peso en la balanza,
porque su nombre es de los que se olvidan.
Y entonces... Pero no, no es tan sencillo.

Escribo porque yo, un día, adolescente,
me incliné ante un espejo y no había nadie.
¿Se da cuenta? El vacío. Y junto a mí los otros
chorreaban importancia.

No, no era envidia. Era algo más grave. Era otra cosa.
¿Comprende usted? Las únicas pasiones
lícitas a esa edad son metafísicas.
No me malinterprete.

Y luego, ya madura, descubrí
que la palabra tiene una virtud:
si es exacta es letal
como lo es un guante envenenado.

¿Quiere pasar a ver mi mausoleo?
¿Le gusta este cadáver? Pero si es nada más
una amistad inocua.
Y ésta una simpatía que no cuajó y aquél
no es más que un feto. Un feto.

No me pregunte más. ¿Su clasificación?
En la tarjeta dice amor, felicidad,
lo que sea. No importa.
Nunca fue viable. Un feto en su frasco de alcohol.
Es decir, un poema
del libro del que usted hará el elogio.

## NARCISO 70

Cuando abro los periódicos
(perdón por la inmodestia, pero a veces
un poco de verdad
es más alimenticia y confortante
que un par de huevos a la mexicana)
es para leer mi nombre escrito en ellos.

Mi nombre, que no abrevio por ninguna razón,
es, a pesar de todo, tan pequeño
como una anguila huidiza y se me pierde
entre las líneas ágata que si hablaban de mí
no recurrían más que al adjetivo neutro
tras el que se ocultaba mi persona, mi libro,
mi última conferencia.

¡Bah! ¡Qué importaba! ¡Estaba ahí! ¡Existía!
Real, patente ante mis propios ojos.

Pero cuando no estaba... Bueno, en fin,
hay que ensayar la muerte puesto que se es mortal.

Y cuando era una errata...

# VÁLIUM 10

A veces (y no trates
de restarle importancia
diciendo que no ocurre con frecuencia)
se te quiebra la vara con que mides,
se te extravía la brújula
y ya no entiendes nada.

El día se convierte en una sucesión
de hechos incoherentes, de funciones
que vas desempeñando por inercia y por hábito.

Y lo vives. Y dictas el oficio
a quienes corresponde. Y das la clase
lo mismo a los alumnos inscritos que al oyente.
Y en la noche redactas el texto que la imprenta
devorará mañana.
Y vigilas (oh, sólo por encima)
la marcha de la casa, la perfecta
coordinación de múltiples programas
—porque el hijo mayor ya viste de etiqueta
para ir de chambelán a un baile de quince años
y el menor quiere ser futbolista y el de en medio
tiene un póster del Che junto a su tocadiscos.

Y repasas las cuentas del gasto y reflexionas,

junto a la cocinera, sobre el costo
de la vida y el ars magna combinatoria
del que surge el menú posible y cotidiano.

Y aún tienes voluntad para desmaquillarte
y ponerte la crema nutritiva y aún leer
algunas líneas antes de consumir la lámpara.

Y ya en la oscuridad, en el umbral del sueño,
echas de menos lo que se ha perdido:
el diamante de más precio, la carta
de marear, el libro
con cien preguntas básicas (y sus correspondientes
respuestas) para un diálogo
elemental siquiera con la Esfinge.

Y tienes la penosa sensación
de que en el crucigrama se deslizó una errata
que lo hace irresoluble.

Y deletreas el nombre del Caos. Y no puedes
dormir si no destapas
el frasco de pastillas y si no tragas una
en la que se condensa,
químicamente pura, la ordenación del mundo.

## POST-SCRIPTUM

Mi antagonista (que soy siempre yo) me dice:
Muy sencillo. Has resuelto tu problema
como Spinoza, "more geometricum":
un lugar, una forma para permanecer
y una función, quizá, para cumplir.

Pero se te ha olvidado decir quién supervisa
la coincidencia exacta
entre el tornillo y lo demás; quién firma
el visto bueno de los hechos. Quién...
y, en todo caso, para qué. O por qué.

Pues, evidentemente, nunca has pensado en esto
sino en salir del paso y ponerte a vivir
como si fuera necesario. En fin, muy femenino.

Pero, por Dios ¿no tienes vergüenza del mendrugo
que masticas, día a día, tan trabajosamente?
¿No te sublevas contra esta tarea circular
de mula en torno de la noria? Al menos
exige que te pongan anteojeras
para no ver que estás siempre en el mismo sitio.

¿Sabes? La metafísica dora todas las píldoras,
sirve de colagogo, lo mismo que la ética.

No la desprecies tanto, pues ya no eres tan joven.
Y la precisarás, como a la religión,
o cualquier otra droga cuando venga
el verdadero tiempo de agonía.

## POESÍA NO ERES TÚ

Porque si tú existieras
tendría que existir yo también. Y eso es mentira.

Nada hay más que nosotros: la pareja,
los sexos conciliados en un hijo,
las dos cabezas juntas, pero no contemplándose
(para no convertir a nadie en un espejo)
sino mirando frente a sí, hacia el otro.

El otro: mediador, juez, equilibrio
entre opuestos, testigo,
nudo en el que se anuda lo que se había roto.

El otro, la mudez que pide voz
al que tiene la voz
y reclama el oído del que escucha.

El otro. Con el otro
la humanidad, el diálogo, la poesía, comienzan.

# OTROS POEMAS
# [1972]

## DE MUTILACIONES

Un día dices: La uña. ¿Qué es la uña?
Una excrecencia córnea
que es preciso cortar. Y te la cortas.

Y te cortas el pelo para estar a la moda
y no hay en ello merma ni dolor.

Otro día viene Shylock y te exige
una libra de carne, de tu carne,
para pagar la deuda que le debes.

Y después. Oh, después:
palabras que te extraen de la boca,
trepanación del cráneo
para extirpar ese tumor que crece
cuando piensas.

A la visita del recaudador
entregas, como ofrenda, tu parálisis.

Para tu muerte es excesivo un féretro
porque no conservaste nada tuyo
que no quepa en la cáscara de nuez.

Y epitafio ¿en qué lápida?
Ninguna es tan pequeña como para escribir
las letras que quedaron de tu nombre.

## TAN-TAN, ¿QUIÉN ES?

Cuando toca tres veces San Pascual
responde el alma: no, todavía no.
Tengo una sopa a medio cocinar, un suéter
al que aún no termino las mangas, un asunto
pendiente de sentencia en el juzgado.

Y mis hijos que no quieren ser huérfanos
y el otro que no sabe enviudar. Y lo que falta.

Nunca me dieron suficiente tiempo
y ahora... No es mi culpa. Yo te suplico un plazo.

—¿Pero qué suponías que es la muerte
sino este llegar tarde a todas partes
y este dejar a medias cualquier cosa
y este sumar, restar, enredarse en los cálculos
y no contar con excedentes nunca?

La muerte, como todo lo humano, es la carencia,
el agotarse de los materiales
de que se estuvo hecho. El cambio de los signos
junto a las cantidades que figuran
en el Libro Mayor.

Representas un déficit, eres la cifra roja
y no extendemos créditos porque tal precedente
nos crearía problemas. Y, como ves, no hay nada
más simple que el negocio que estamos manejando.

## KINSEY REPORT

*1*

—¿Si soy casada? Sí. Esto quiere decir
que se levantó un acta en alguna oficina
y se volvió amarilla con el tiempo
y que hubo ceremonia en una iglesia
con padrinos y todo. Y el banquete
y la semana entera en Acapulco.

No, ya no puedo usar mi vestido de boda.
He subido de peso con los hijos,
con las preocupaciones. Ya usted ve, no faltan.

Con frecuencia, que puedo predecir,
mi marido hace uso de sus derechos o,
como él gusta llamarlo, paga el débito
conyugal. Y me da la espalda. Y ronca.

Yo me resisto siempre. Por decoro.
Pero, siempre también, cedo. Por obediencia.

No, no me gusta nada.
De cualquier modo no debería de gustarme
porque yo soy decente ¡y él es tan material!

Además, me preocupa otro embarazo.
Y esos jadeos fuertes y el chirrido
de los resortes de la cama pueden
despertar a los niños que no duermen después
hasta la madrugada.

2

Soltera, sí. Pero no virgen. Tuve
un primo a los trece años.
Él de catorce y no sabíamos nada.
Me asusté mucho. Fui con un doctor
que me dio algo y no hubo consecuencias.

Ahora soy mecanógrafa y algunas veces salgo
a pasear con amigos.
Al cine y a cenar. Y terminamos
la noche en un motel. Mi mamá no se entera.

Al principio me daba vergüenza, me humillaba
que los hombres me vieran de ese modo
*después*. Que me negaran
el derecho a negarme cuando no tenía ganas
porque me habían fichado como puta.

Y ni siquiera cobro. Y ni siquiera
puedo tener caprichos en la cama.

Son todos unos tales. ¿Que que por qué lo hago?
Porque me siento sola. O me fastidio.

Porque ¿no lo ve usted? estoy envejeciendo.
Ya perdí la esperanza de casarme
y prefiero una que otra cicatriz
a tener la memoria como un cofre vacío.

3

Divorciada. Porque era tan mula como todos.
Conozco a muchos más. Por eso es que comparo.

De cuando en cuando echo una cana al aire
para no convertirme en una histérica.

Pero tengo que dar el buen ejemplo
a mis hijas. No quiero que su suerte
se parezca a la mía.

4

Tengo ofrecida a Dios esta abstinencia
¡por caridad, no entremos en detalles!

A veces sueño. A veces despierto derramándome
y me cuesta un trabajo decirle al confesor
que, otra vez, he caído porque la carne es flaca.

Ya dejé de ir al cine. La oscuridad ayuda
y la aglomeración en los elevadores.

Creyeron que me iba a volver loca
pero me está atendiendo un médico. Masajes.

Y me siento mejor.

## 5

A los indispensables (como ellos se creen)
los puede usted echar a la basura,
como hicimos nosotras.

Mi amiga y yo nos entendemos bien.
Y la que manda es tierna, como compensación;
así como también, la que obedece,
es coqueta y se toma sus revanchas.

Vamos a muchas fiestas, viajamos a menudo
y en el hotel pedimos
un solo cuarto y una sola cama.

Se burlan de nosotras pero también nosotras
nos burlamos de ellos y quedamos a mano.

Cuando nos aburramos de estar solas
alguna de las dos irá a agenciarse un hijo.
¡No, no de esa manera! En el laboratorio
de la inseminación artificial.

6

Señorita. Sí, insisto. Señorita.

Soy joven. Dicen que no fea. Carácter
llevadero. Y un día
vendrá el Príncipe Azul, porque se lo he rogado
como un milagro a San Antonio. Entonces
vamos a ser felices. Enamorados siempre.

¿Qué importa la pobreza? Y si es borracho
lo quitaré del vicio. Si es un mujeriego
yo voy a mantenerme siempre tan atractiva,
tan atenta a sus gustos, tan buena ama de casa,
tan prolífica madre
y tan extraordinaria cocinera
que se volverá fiel como premio a mis méritos
entre los que, el mayor, es la paciencia.

Lo mismo que mis padres y los de mi marido
celebraremos nuestras bodas de oro
con gran misa solemne.

No, no he tenido novio. No, ninguno
todavía. Mañana.

## ACTO DE HUMILDAD

En otro tiempo me maravilló
lo fácil que era ser solamente una vaca.
Bastaba con echarse a rumiar y con parir
cada año un becerro. Con mirar sin asombro
la estructura del mundo y sus apariciones.
Con dejarse engordar y, mansamente,
ir con los otros hacia el matadero.

Es, en verdad, muy fácil. Pero si lo pensamos
con equidad tampoco es una proeza
ser... en fin... lo que somos.

## EVOCACIÓN DE LA TÍA ELENA

La recuerdo viniendo hacia mi infancia
desde su hermoso mundo de cosméticos.
Toda la línea Arden sobre su tocador
y ella, pensativa, exigiéndole un voto
de confianza al espejo. El color de su tez,
la perfección de su perfil, el orden
de su pelo eran siempre materia cuestionada.

Más allá de la doble superficie
ponderaba otra cosa:
¿es lícito destruir la obra de la belleza
cuando sólo enmascara al sufrimiento?

Y ponía en la balanza el gramo de cianuro
que escondía entre sus joyas
para hacerla perder su equilibrio, inclinarse
del lado del destino.

## ADVERTENCIA AL QUE LLEGA

No me toques el brazo izquierdo. Duele
de tanta cicatriz.
Dicen que fue un intento de suicidio
pero yo no quería más que dormir
profunda, largamente como duerme
la mujer que es feliz.

# VIAJE REDONDO
[1972]

## PASAPORTE

¿Mujer de ideas? No, nunca he tenido una.
Jamás repetí otras (por pudor o por fallas
¿Mujer de acción? Tampoco.       [nemotécnicas).
Basta mirar la talla de mis pies y mis manos.

Mujer, pues, de palabra. No, de palabra no.
Pero sí de palabras,
muchas, contradictorias, ay, insignificantes,
sonido puro, vacuo cernido de arabescos,
juego de salón, chisme, espuma, olvido.

Pero si es necesaria una definición
para el papel de identidad, apunte
que soy mujer de buenas intenciones
y que he pavimentado
un camino directo y fácil al infierno.

## CONVERSACIÓN ENTRE VIAJEROS

A una mujer, ya vieja, que entreduerme
mientras el tren avanza
pero que corre a la excursión con una
avidez que le quita la nobleza a sus años
(como si todavía creyera o si esperara)
le pregunto: su historia ¿tiene alguna coherencia?
¿El mosaico de días y de acciones
formó alguna figura que pueda contemplarse?
¿Se escribiría un libro con su vida?
¿Se pintaría un cuadro con su cara?

Me ve con reprensión, como a una impertinente
que no alcanza a turbarla aunque esté
[adjudicándole
un pasado que niega, una memoria
que renunció a tener y me responde
que posee una cuenta bancaria como para
comprarse galerías, bibliotecas,
todo lo que los otros han ordenado y hecho.

Y que no necesita de ninguna otra cosa.

## NINGUNEO

En tierra de Descartes, junto a la estufa
—ya que nieva y tirito—
no pienso, pues pensar no es mi fuerte; ni siento
pues mi especialidad no es sentir sino sólo
mirar, así que digo:
(pues la palabra es la mirada fija)
¿qué diablos hago aquí en la Ciudad Lux,
presumiendo de culta y de viajada
sino aplazar la ejecución de una
sentencia que ha caído sobre mí?

La sentencia que dicta: "No existes." Y la firman
los que para firmar usan el Nos
mayestático: el Único que es Todos;
los magistrados, las cancillerías,
las altas partes contratantes, los
trece emperadores aztecas, los poderes
legislativo y judicial, la lista
de Virreyes, la Comisión de Box,
los institutos descentralizados,
el Sindicato Único de Voceadores y...
...y, solidariamente, mis demás compatriotas.

## NAZARETH

Descendiendo a la cueva en que el Arcángel
hizo su anuncio, pienso
en María, ese vaso de elección.

Como todos los vasos, quebradizo.
Como todos los vasos, demasiado pequeño
para el destino que se vierte en él.

## ENCARGO

Cuando yo muera dadme la muerte que me falta
y no me recordéis.
No repitáis mi nombre hasta que el aire sea
transparente otra vez.

No erijáis monumentos que el espacio que tuve
entero lo devuelvo a su dueño y señor
para que advenga el otro, el esperado,
y resplandezca el signo del favor.

De *Materia memorable,* 1969

# BIBLIOGRAFÍA SELECTA

Para la bibliografía más completa hasta 1980, consúltese Maureen Ahern y Mary Seale Vásquez, *Homenaje a Rosario Castellanos*. Valencia: Albatros-Hispanófila, 1980.

## Poesía

*Trayectoria del polvo*. México: Colección El Cristal Fugitivo, 1948.

*Apuntes para una declaración de la fe*. México: Ediciones de América, 1948.

*De la vigilia estéril*. México: Ediciones de América, 1950.

*Dos poemas*. México: Ícaro, 1950.

*El rescate del mundo*. México: Ediciones de América, 1952.

*Poemas* (1953-1955). México: Colección Metáfora, 1957.

*Salomé y Judith: Poemas dramáticos*. México: Editorial Jus, 1959.

*Al pie de la letra*. Xalapa: Universidad Veracruzana, 1959.

*Lívida luz*. México: Universidad Nacional Autónoma de México, 1960.

*Materia memorable*. México: Universidad Nacional Autónoma de México, 1969.

*Poesía no eres tú: Obra poética: 1948-1971*. 1ª edición, México: Fondo de Cultura Económica, 1972. 2ª edición, 1975. Poemas recogidos de todas las ediciones anteriores, con la adición de cuatro colecciones escritas después de 1969: *En la tierra de en medio, Diálogos con los hombres más honrados, Otros poemas* y *Viaje redondo*. También se incluyen traducciones de Emily Dickinson, St.-John Perse y Paul Claudel.

## Narrativa

*Balún Canán* (Novela). México: Fondo de Cultura Económica, 1957.

*Ciudad Real: Cuentos*. Xalapa: Universidad Veracruzana, 1960.

*Oficio de tinieblas* (Novela). México, Joaquín Mortiz, 1962.

*Los convidados de agosto* (Cuentos). México: Ediciones Era, 1964.

*Album de familia* (Cuentos). México: Joaquín Mortiz, 1971. Se incluye "Lección de cocina".

## Teatro

"Tablero de damas: Pieza en un acto." *América: Revista Antológica*, núm. 68 (junio, 1952), 185-224.

"Petul en la Escuela Abierta." En *Teatro Petul*. México: Instituto Nacional Indigenista, n. d., 1962, pp. 42-65.

*El eterno femenino: farsa.* México: Fondo de Cultura Económica, 1975.

## Ensayos

*Juicios sumarios: ensayos.* Xalapa: Universidad Veracruzana, 1966.

*Mujer que sabe latín...* México: Secretaría de Educación Pública, 1973. (Sepsentas, 83).

*El uso de la palabra.* Prólogo de José Emilio Pacheco. México: Ediciones de Excélsior: Crónicas, 1974.

*El mar y sus pescaditos.* México: Secretaría de Educación Pública, 1975. (SepSetentas, 89).

# BIBLIOGRAFÍA CRÍTICA SELECTA


*A Rosario Castellanos, sus amigos*. Publ. especial del Año Internacional de la Mujer. México: Cía. Impresora y Litográfica Juventud, 1975.

Ahern, Maureen, y Vásquez, Mary Seale. *Homenaje a Rosario Castellanos*. Valencia: Ediciones Albatros, Hispanófila, 1980.

Álvarez, Griselda. *Diez mujeres en la poesía mexicana del siglo xx*. México: Colección Metropolitana, 1973.

Baptiste, Víctor. *La obra poética de Rosario Castellanos*. Santiago de Chile: Exégesis, 1972.

Bigelow, Marcia Anne. "La evolución de la hablante en la poesía de Rosario Castellanos." Disertación, Universidad de California, Irvine, 1984.

Calderón, Germaine. *El universo poético de Rosario Castellanos*. México: UNAM, Centro de Estudios Literarios, 1979.

Carballo, Emmanuel. *Diecinueve protagonistas de la literatura mexicana del siglo xx*. México: Empresas Editoriales, 1965, pp. 411-424.

Castro, Dolores. "Rosario Castellanos". *Revista de Bellas Artes,* Nueva época, núm. 18 (México, nov.-dic. 1974), p. 19.

Castro Leal, Antonio. "Dos poemas dramáticos en *Poesía no eres tú*". *Vida literaria,* núm. 30, 5-6.

De Beer, Gabriella. "Feminismo en la obra poética de Rosario Castellanos". *Revista de Crítica Literaria Latinoamericana* (Lima), 7 (1981), núm. 13, páginas 95-112.

Fiscal, María Rosa. *La imagen de la mujer en la narrativa de Rosario Castellanos.* México: UNAM, Centro de Estudios Literarios, 1980.

Labastida, Jaime. *El amor, el sueño y la muerte en la poesía mexicana.* México, 1974.

Miller, Beth. "El feminismo mexicano de Rosario Castellanos." *Mujeres en la literatura,* México: Fleischer Editora, pp. 9-19.

—. "Voz e imagen en la obra de Rosario Castellanos." *Revista de la Universidad de México,* 30: 4 (diciembre de 1975), p. 33.

—. "La poesía de Rosario Castellanos: tono y tenor". *Diálogos* (México), 13:2 (1977), 28-31.

Miller, Yvette E. "El temario poético de Rosario Castellanos." *Hispanoamérica* 29, año X, núm. 29, 107-115.

Pacheco, José Emilio. "Rosario Castellanos o la rotunda austeridad de la poesía." *Vida Literaria,* 30: páginas 8-11.

Poniatowska, Elena. "Evocaciones de Rosario Castellanos." *Cultura en México. Suplemento de Siempre.* núm. 1106, (4 de septiembre, 1974), 6-8.

Rebolledo, Tey Diana. "The Wind and the Tree: A Structural Analysis of the Poetry of Rosario Castellanos." Disertación, Universidad de Arizona, 1979.

Rivero, Eliana. "Visión social y feminista en la obra

poética de Rosario Castellanos." En Ahern y Seale Vásquez, *Homenaje*..., pp. 85-97.

Seale Vásquez, Mary. "Rosario Castellanos, Image and Idea." En Ahern y Seale Vásquez, *Homenaje*..., pp. 15-40.

# ÍNDICE

Este libro se terminó de imprimir y encuadernar en el mes de noviembre de 1995 en Impresora y Encuadernadora Progreso, S. A. de C. V. (IEPSA), Calz. de San Lorenzo, 244; 09830 México, D. F. Se tiraron 2 000 ejemplares.